回话的艺术

THE ART OF ANSWERING

罗清军　王弈淇◎编著

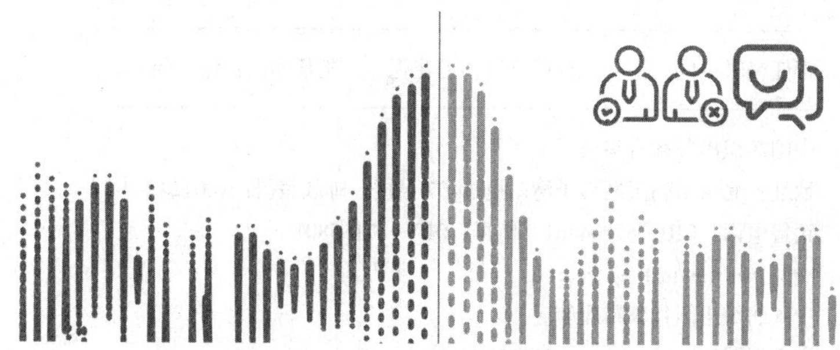

中国纺织出版社

内 容 提 要

回话对于人际交往和沟通是非常重要的，只有增强回话的能力，提升回话的水平，我们才能在人际沟通中有更加出色的表现。

本书涉及一定的心理学知识，结合人们在相处和沟通过程中微妙的心理活动，阐述了不同回话方式会产生的结果，并教会读者朋友们各种回话的技巧。要想成为驾驭语言的社交达人，我们就要熟读本书，从中学习和掌握高水平的回话艺术。

图书在版编目（CIP）数据

回话的艺术 / 罗清军，王奕淇编著 . -- 北京：中国纺织出版社有限公司，2020.6（2024.3 重印）

ISBN 978-7-5180-7235-4

Ⅰ.①回… Ⅱ.①罗… ②王… Ⅲ.①人际关系—语言艺术—通俗读物 Ⅳ.① C912.13-49

中国版本图书馆 CIP 数据核字（2020）第 043263 号

责任编辑：闫　星　　责任校对：王花妮　　责任印制：储志伟

中国纺织出版社有限公司出版发行

地址：北京市朝阳区百子湾东里 A407 号楼　邮政编码：100124

销售电话：010—67004461　传真：010—87155801

http://www.c-textilep.com

中国纺织出版社天猫旗舰店

官方微博 http://weibo.com/2119887771

德富泰（唐山）印务有限公司印刷　各地新华书店经销

2020 年 6 月第 1 版　2024 年 3 月第 2 次印刷

开本：880×1230　1/32　印张：6

字数：109 千字　定价：39.80 元

前言

每个人在这个世界上生存，都要与形形色色的人打交道，进行沟通和交流。既然是交流，就一定是有来有往，所谓来而不往非礼也。对于他人所说的话，不管是简单的陈述，还是对我们提出来的问题，我们都要学会回话。只有恰到好处地回话，我们与他人之间才能产生更加深入且密切的互动。反之，如果回话不到位或者不受人欢迎，则我们很有可能成为话题终结者，根本不可能与他人愉快地交谈，也不能促使谈话继续有效地进行下去。

给他人回话，不但是促使沟通顺利进行的必要条件，也是尊重他人的表现。有些人对于回话的理解非常狭隘，觉得所谓回话就是回答对方的问题。实际上，即使对方没有对我们提问，而只是和我们说一些话，我们也是要积极做出回应的。回话未必都要以语言的方式进行，也包括很多以非语言信息进行的反馈。例如，在他人说话的时候，我们目视着对方，时不时地点头微笑，这就是很好的回话方式。有的时候，对于对方所说的令人惊奇的话题，我们还要适时地发问，这也是回话的好方式。总而言之，我们要让对方感受到我们正在认真专注地倾听，这样对方才会有继续说下去的欲望和与我们交流的热情。

任何回话，都要与对方的话相对应，如果对方是在提问，

那么就要回答对方的问题。通常情况下，回话有两种方式，一种回话是当事人积极主动做出的，为此会蕴含更多的感情，传达更多的信息，当事人也会表现出非常真诚友善的样子。另一种回话则是当事人被动进行的，他们很有可能正面对让自己尴尬的问题，或者涉及隐私、不想说的问题，为此，他们显得很冷漠，甚至会采取各种方式逃避回答问题，诸如顾左右而言他、转移话题等。

不可否认的是，在现实生活中，我们遇到的每个问题未必都是真诚友善的，很多时候，我们也会遇到他人不怀好意的刁难，回答会让我们感到难堪，不回答则又无法躲开。此时，如果采取平和的方式不能解决问题，那么我们可以变被动为主动，把问题反踢给对方。这样一来，对方就会面对自己提出的难题而无法回答，这显然是非常尴尬和无奈的，与此同时，我们也等同于作出了有力的反击。

回话绝不是简简单单地回答问题，而是与人沟通的重要步骤，也是处理好人际关系的必要举措。从根本上而言，沟通就是有来有回的信息传递和感情互动，为此，我们必须提升回话的水平，成为一个非常优秀的回话者，这样才能让自己的语言表达能力水涨船高，才能让自己拥有好人缘！

编著者

目录

第1章

回话是一门艺术：好的回话让沟通顺畅融洽

沟通从来都是人际相处中的头等大事，要想与人更好地相处，与他人之间进行良好的互动和更深入的了解，就必须学会回话。从某种意义上而言，回话是一门艺术，更是帮助人们打开心扉的重要方式和途径。只有做到及时到位地沟通，人与人之间才能避免沟而不通的情况发生，才能建立良好的人际关系。

积极回话，融洽沟通的氛围

现实生活中，人与人之间的沟通主要依靠语言进行，要与他人良好相处，就要有来有往、有问有答，以实现信息的交流和共享。有的时候，我们与他人打招呼或者询问他们一些问题，却没有得到他人的回应，心里一定会觉得很尴尬和别扭。同样的道理，在他人和我们搭讪的时候，为了避免给他人带来不好的印象和感受，我们也要及时回应他人，这才是尊重他人且愿意与他人友好相处的表现。如果沟通不顺畅，回话不及时，人们之间难免会产生各种揣测，乃至影响人际交往。

很多人都因为各种原因不对他人作出回应，有的人是故意冷漠地对待他人，不愿意与他人产生交流；也有的人是因为不知道如何回应，为此回应延迟或者没有回应。一些父母在面对孩子的提问或者是求助时，因为不胜其烦，也会故意忽视对于孩子的回应。殊不知，尤其是对于年幼的孩子而言，父母的毫无回应会使他们陷入绝境，也会导致他们未来在沟通方面遇到障碍。父母迟迟不回应幼儿，幼儿会产生挫败感，若父母对于幼儿没有回应的次数越来越多，幼儿就会渐渐地减少向父母寻求帮助和主动与父母进行交流的次数，甚至再也不愿意和父母沟通。最终，孩子变得越来越内向自卑，渐渐地封闭心扉，与

父母之间的关系也越来越疏远，感情也越来越淡漠。

弗洛伊德是奥地利大名鼎鼎的精神病医生，也是一位在心理学领域颇有建树的心理学家，他曾经在作品中讲过一个故事：有个3岁的男孩和阿姨一起待在陌生的房间里，因为无法忍受黑暗，他不停地喊着阿姨，要求阿姨和他说话。阿姨很不理解："我和你说话也没用啊，这里依然这么黑。"然而，男孩说："你若和我说话，我就会觉得有光。"由此可见，对于孩子而言，积极的回应就像是阳光一样能够驱散黑暗，也让他们感受到温暖和抚慰。为此，明智的父母会积极地回应孩子，而不会总是把孩子丢在没有回应的黑暗中，也不会拒绝和孩子沟通。

很多父母都无法理解孩子的心理，为此，当孩子一而再再而三地呼唤他们的时候，他们常常会感到厌烦，也会非常懊恼，甚至不愿意搭理孩子。殊不知，孩子有的时候之所以呼唤爸爸妈妈，只是希望爸爸妈妈能给他们积极的回应，能分享他们的喜悦。父母的回应，会让孩子感受到父母的爱，也会让孩子更加确定自己的存在。

当然，在成人的世界里，回应同样重要。回应是尊重，是信任，是理解，是安抚。面对一个哭哭啼啼的小伙伴，我们需要做的不是给对方一定的指导和意见，而是要给予对方认真的倾听和积极的回应。当然，这里所说的回应也许只是一个微笑，一次点头，一个会心的眼神，就足以让对方感受到我们的真诚和体谅，并有助于我们与对方建立积极的联系和良好的互动。一定要积极回应他人哦，否则，我们与他人的沟通就无法顺畅进行，更无法取得积极的效果。

具体而言，在给他人回话的时候，要讲究方式方法，也要坚持几个原则。首先，对于他人的话要认真倾听，带有好奇心和热情，而不要总是一副漫不经心的样子，更不要总是对他人爱搭不理。如果对于他人所说的话有不明白或者不理解的地方，还可以询问对方。其次，要带着欣赏的心态回话。很多人自以为知道很多，常常对于他人的提问带有一副漫不经心的态度，或者对于他人所说的话不以为然。其实，要想更好地回话，就要发自内心尊重他人，也要给予他人更多的关注，这样才能把握回话的节奏，让回话效率更高。

回好话，才能让沟通得以延续

任何沟通，都要建立在双向的基础上，唯有坚持互动，才能起到传递信息的作用，从而让交流更加高效。简而言之，沟通就是别人发出信息，我们接收和理解信息，然后在此基础上再发出信息，进行反馈。同样，我们反馈的信息对于他人而言也是需要接收、理解的。在这样循环往复的过程中，沟通才能持续进行下去，才能达到更好的效果。

了解了沟通的过程，我们就会知道回话的重要作用。从本质上而言，回话正是我们在他人发出信息之后给予的反馈。如果没有回话，则他人的信息到达我们这里后，就会像是拳头打在棉花上一样非常疲软无力，也得不到任何回应。从沟通的作用和效果而言，只有双向沟通，才能实现信息交换的最好效果，而单向沟通只会给人际相处埋下隐患，也会导致人际关系的发展不顺利。

在中国传统思想的影响下，很多长辈和小辈进行沟通的时候，往往不允许小辈反驳长辈的话，或者顶撞长辈，而只能毕恭毕敬地听从长辈训诫。在职场上，职位的等级也很严密，很多下属在和上司进行沟通的过程中，只能听上司下达指令，而很少有机会把自己的所思所想或者一些好的计划和设想都表达出来。不得不说，这样的单向沟通模式，给长辈和小辈之间、上司和下属之间的沟通都带来了极大的隐患，说不定什么时候大家就会因为沟通不顺畅而导致误解发生，也使得各种事情无法顺利向前推进。

打个形象的比方，沟通就像是打乒乓球。当对方发球过来后，如果我们始终不接球，则根本无法顺利地打下去。反之，当对方发球过来时，我们想方设法接到球，再打给对方，就可以和对方进行更好的互动。沟通也应如此，回应不必可少。

在公司的年会上，新人小牧一个人坐在角落里，不知道该做些什么，显得非常落寞。这个时候，有个老员工觉得累了，便也坐到小牧对面的沙发上。老员工和小牧搭讪："年轻人，新来的吗？"小牧点点头，反问："您一定是公司里的老员工吧！看起来，您经验丰富，也有与众不同的气质。"接下来，老员工和小牧进行了攀谈。在此过程中，小牧一直在听老员工说公司发展过程中的很多趣闻逸事，也从老员工口中了解了公司的重要管理层和几个关键人物。每当老员工说到兴致高昂的时候，小牧都会点头微笑，也会情不自禁地竖起大拇指，有的时候还会说一句"太厉害了"。老员工得到回应，变得越来越健谈，不知不觉间居然和小牧说了一个多小时。直到年会结束，老员工才和小牧依依不舍地告别，并且问了小牧所在的部门，对小牧说："咱们后会有期哈！"

后来，小牧在工作中常常向这个老员工请教，老员工主动对小牧倾囊相授。在老员工的鼎力帮助下，小牧承担的第一个重要项目就完成得非常好，得到了领导的一致认可与好评。

在年会上，老员工和小牧只是第一次见面而已，对于小牧根本没有了解。小牧之所以能够给老员工留下好印象，是因为他始终认真倾听和积极回应老员工。老员工呢，得到小牧的及时回应，感受到小牧的积极和用心，为此很认可和欣赏小牧，也愿意帮助小牧。

给他人回话，一定要采取正确的方式，才能达到事半功倍的效果。例如，可以随声附和他人的话，让他人觉得自己所说的一切都得到了积极回应，也得到了听话者的尊重。如果说话

者想要得到更积极的回应，听话者还可以在说话者说完很多事情之后，不但表示认可，而且积极地提出相关的问题，这样才有助于将交谈深入推进。此外，针对他人的话，听话者还可以开展联想和想象，这样一来就可以把话题生发开去，让交谈的范围更广，话题更多，也让参与交谈的人真正感到兴致盎然，愿意投入谈话之中，积极地发表自己的想法和见解。其实，人与人之间可以交谈的话题很多，最重要的在于先以积极回话的方式铺垫良好的交谈基础，烘托良好的交谈氛围，这样，沟通才能事半功倍。

以问题代替回答，把握谈话主动权

说起回话，很多人都会陷入一个误区，即觉得所谓回话就是回答他人的问题，且必须给出让他人满意的答案。其实不然。这是把回话的含义理解得太过狭隘了。所谓回话，未必是回答问题，而是对别人所说的话作出回应。而且，我们不可能对于他人的一切问题都当即给出肯定的答复，在他人提出的问题很难或者是无法回答的情况下，我们不妨采取以问题代替回答的方式，把问题再还给对方，从而让自己从被动的一方转化为主动的一方，真正掌握谈话的主动权，推动谈话不停地向前发展。

这样的方式类似于踢皮球，我们在无暇思考答案或者不知道如何回答问题的情况下，可以此作为临时的应对方式。这样一来，一则可以避免无话可说的尴尬，二则可以把问题抛给对方，在对方思考如何回答的时候，我们也就有了更多的时间进行思考，从而有效地避免陷入非常被动的沟通局面。只要把这个回话的方式掌握好，我们就可以在面对很多问题的时候保持积极主动的心态，也始终都能够把谈话的主动权把握在自己手中，从而有更加出类拔萃的沟通表现。

法拉第是英国大名鼎鼎的物理学家，一直致力于电磁学研究。有一次，法拉第在电磁学方面的研究有了很大的进展，为此召集很多人来观看实验的过程。法拉第对于这次实验成功抱有很大的期望，也希望能够得到到场者的认可和支持。然而，就在实验刚刚成功结束的时候，突然有人站起来大声表示质疑："请问，法拉第先生，您进行这样的实验有什么意义呢？"法拉第当然知道对方是在不怀好意地刁难，但是他没有慌张，而是反问提问者："请问，新生儿在呱呱坠地之初，有什么作用呢？"法拉第此话一出，提问者当即哑口无言，无法应对。

不得不说，法拉第是一个非常聪明机智的人，所以，在被提问者质疑他的发明研究没有作用的时候，当即以新生儿打比方，质问对方新生的事物为何会没有作用。这样一来，他就将难以回答的棘手问题抛回给提问者，使得提问者搬起石头砸自

己的脚，根本不知道该如何回答自己提出来的问题。

实际上，采取以提问的方式代替回答，在提问的过程中，可以很好地反讽提问者故意的刁难，让提问者受到沉重的打击。尤其是在无法回答自己提出的问题时，提问者一定会感到非常尴尬。从战略战术的角度而言，这样的踢皮球方式，属于以攻代守。大多数人在面对他人的质疑时，往往会被动地应付，导致自己非常难堪。只要能够调整心态，转换思路，就可以做到从被动防守到主动攻击。

当然，有的时候，直接把问题反问回去，会让提问者很恼火。在必要的时候，为了表示出真诚的回话态度，我们不妨先回答对方的提问，再向对方提出问题。这样一来，攻击的姿态便没有那么明显，相信对方在得到满意的答复后一定很乐于回答我们的问题，如此，我们就可以与对方建立良好的关系，从而使得人际关系更加融洽。还需要注意的是，在向对方提问的时候，一定要讲究方式方法，且要问那些可以问的问题，而不要涉及他人的隐私，更不要哪壶不开提哪壶，导致他人非常尴尬。在提问的时候，还要把握好语气，不要让对方产生咄咄逼人的感觉，否则就会让对方与你相对立，对你产生敌视的态度和心理。总而言之，要恰到好处地回话，要正确地回话，这样，回话才会对促进沟通、加深双方的了解产生积极的作用和效果。

循序渐进，打动人心

在人际沟通的过程中，说服是最大的难题。不管是想要说服他人接受我们的观点，还是想要说服他人采纳我们的建议，都需要我们发挥语言的魅力，让对方心服口服。勉强要求对方凡事都听从我们的，也许暂时能够起到作用，但是，日久天长，必然会导致勉强压制失去效果。真正的说服，要做到晓之以理，动之以情。从心理学的角度而言，说服的过程就是让对方的内心渐渐发生变化的过程，只有让对方心悦诚服，说服才能水到渠成。

在这个世界上，人心是最变幻莫测的东西，因而要想说服他人切勿试图一蹴而就，而要遵循循序渐进的原则，有的放矢地推动说服的进程。这样一来，也可以在他人不知不觉的情况下说服他人，使得他人对于我们所说的话表示认可和尊重。当然，过程再迂回曲折，也不要迷失了本心，更不要忘记最初的目的。只有始终牢记目标，向前推进，奔向最终的目的地，我们才能如愿以偿地说服他人，也让说服达到事半功倍的效果。

公元前206年，赵国发生了很大的变动，由赵太后开始掌权执政，治理国家。这个时候，虎视眈眈的秦国看到赵国政权不稳定，便趁机发起进攻，想要一举灭掉赵国。赵国国力衰弱，不敌强秦，为此当即派出使者去齐国求援。齐国要求让长安君作为人质，才愿意发兵援救赵国，化解赵国的危难。赵太后最

宠爱长安君，为此，一听到齐国提出这样的要求，当即就表示拒绝。为了赵国的安危，大臣们都纷纷劝说赵太后，但是赵太后不为所动，坚持不愿意让长安君去齐国当人质。

眼看着赵国危在旦夕，左师触龙决定进宫，当面劝谏赵太后。赵太后当然知道触龙的意图，为此对于触龙的到来很生气。触龙见到赵太后，先是跪拜请安，询问赵太后的身体情况，并且非常用心地建议赵太后注意养生。看到触龙真的关心自己，赵太后的怒气才稍微减弱一些。这个时候，触龙委婉地对赵太后说："我的小儿子舒祺不成才，但最得我的喜爱，我希望他将来可以成为一名黑衣卫士，保卫王宫的安全，也成为您最得力的贴身侍卫。"听到触龙这么说，赵太后终于放下警惕心理，和触龙闲话家常。

赵太后问触龙："你作为男人，也特别偏爱小儿子吗？"触龙毫不迟疑地回答："当然。我们男人对于小儿子的疼爱比女人更甚。"赵太后忍不住笑起来："还是女人更甚。"触龙说："我觉得，相比起疼爱长安君，您更疼爱燕后。"赵太后说："当然不是，我疼爱长安君更甚。"触龙说："燕后出嫁，您在祭祀的时候祈祷她不要回来，是为了她的长远考虑啊！您其实很思念她，也很想看到她。"赵太后说："的确，我很想她。"触龙说："父母之爱子女，则为子女计深远。您与其给长安君优渥的生存条件，不如趁着现在让长安君建功立业，这样，长安君未来才会更好。正是因为如此，我才会觉得

您更爱燕后，而爱长安君次之。”

赵太后何其聪明，当即就明白了触龙的意思，她只好无奈地对触龙说：“好吧，任凭你安排吧！”

很多大臣劝说赵太后都被拒绝，唯独触龙，真正触动了赵太后的心，使赵太后更加深切地意识到“父母之爱子女，则为之计深远”的真谛。这使得赵太后认识到，长安君未来如果想在赵国站稳脚跟，就必须趁此机会为国家作出贡献。想明白了这个道理，赵太后自然心甘情愿让长安君去齐国当人质，从而换取齐国发兵，和赵国一起联合对抗秦国。

现实生活中，很多人都不懂得迂回曲折的道理，在说服他人的时候，总是想要强迫他人按照自己的意愿去做，而根本不想知道别人心中真正是怎么想的。这样的强制要求往往给人糟糕的感觉，也会使人想要抵触和对抗。一样的意思，如果能够换一种表达方式，就会起到很好的作用。为此，在说服他人的时候，我们一定要讲究方式方法，从而最大限度发挥语言的魅力，收到最佳的效果。

回话要因人制宜

说话要因人制宜，回话也要因人制宜，这样才能保证回话的效果最佳。在沟通过程中，很多人不管面对怎样的沟通对

象，都会说些千篇一律的话，丝毫没有变化。这样一来，虽然自己说话很省心，但是在沟通效果方面会大打折扣。我们常常需要面对不同的沟通对象，对此，一定要摸清对方的脾气秉性，这样才能让回话发挥更大的作用。

具体而言，对待急性子的人，回话应该更快一些，这样才能避免让对方等待，才不至令其感到着急和不安；反之，对待慢性子的人，回话则应该慢一些，可以多思考一会儿，而不要在对方话音刚落的时候就急于给出回答，否则，一则使得自己没有时间思考，导致回话不够恰当，二则导致对方感受到压力，也觉得自己跟不上你的节奏，为此对于交谈产生抵触心理。当然，急性子和慢性子只是两种比较有代表性的性格。所谓千人千性，意思是说，所谓一千个人就有一千种不同的性格。所以，在面对不同的沟通对象时，我们要根据沟通对象的性格特点，有的放矢地采取回话的策略，使得回话达到最好的效果。

早在几千年前，大教育家孔子在教育学生的时候，就采取不同的回话策略。例如，冉求做事情不够坚决果断，为此，当冉求问“老师，听到就要去做吗”时，孔子回答可以，这是为了鼓励冉求更加坚定勇敢。而学生仲由很是争强好胜，胆子非常大，为人也特别勇猛，为此，当仲由问孔子“老师，听到了就要去做吗”时，孔子告诫仲由不能，要三思而行，这是为了劝仲由不要总是冲动，而要在做各种事情之前把问题思考得全

面透彻，这样才能综合权衡利弊，从而作出正确的选择和决断。孔子不愧是伟大的思想家和教育家，能在面对不同的学生时给予不同的回话，也争取做到给予每个学生最好的引导和帮助。

销售员雅菲最近正在接触和跟进的客户王老板是个大老粗，虽然事业做得很大，但是没有什么文化，为此身上带着一些江湖气。这让原本文质彬彬的雅菲很不适应。有一次，雅菲给王老板打电话："王老板，您对房子的事情考虑得怎么样了？最近，看这套房子的客户还挺多的，有一个客户特别有意向，下个周末就要带着家里人过来复看。我觉得，您看房子很多了，看到一套合适的房子不容易，因而一定要抓住机会……"雅菲的话还没说完，王老板就直截了当地说："你想让我干吗，说！"对于王老板的质问，雅菲有些丈二和尚摸不着头脑，嗫嚅着说："我……我……"王老板更着急了："你是想让我买这套房子？"雅菲感觉到王老板的语气很生硬，还以为王老板生气了呢，但是箭在弦上不得不发，她索性直接回答王老板："是的，您要是再不抓紧购买，这套好房子就被别人买去了！"王老板说："我这几天正在外面出差，让我的秘书给你交钱，行吗？"雅菲听到王老板的话有些呆住了，良久才说："可以的，可以的！"电话那头，王老板说了句"秘书下午3点到"，不等雅菲回话，就挂断了电话。

显而易见，王老板和雅菲之前遇到的客户完全不同。王老

板很有钱，又没有文化，为此做事情很干脆利索，还是个不折不扣的直脾气。为此，雅菲在促使王老板购买的时候说的那些话，对于王老板而言未免有些太过弯弯绕绕，所以让王老板感到很不耐烦。后来，听到王老板有些厌烦的话，雅菲索性横下心，死马当作活马医，也把话说得直截了当、开门见山，结果反而得到了王老板爽快的对待，这也算是有心栽花花不成，无心插柳柳成荫了。幸好雅菲灵机一动，及时采取适宜的方法对待王老板，最终让销售获得成功。

每个人的脾气秉性都是不同的，有的人天生敏感，很自卑，给这样的人回话时，一定要多多支持和鼓励他们，让他们鼓起信心和勇气努力去尝试，放开手脚去做；有的人天生大大咧咧的，神经很大条，在给他们回话的时候，最好开门见山，而避免弯弯绕绕，这样才能以坦诚相见，让沟通的效果立竿见影；有的人非常绅士，因此要用有礼貌的话来回答他们；有的人看起来就像是土匪，对此，你就要用带着匪气的话回应他们，这样才会与他们性情相投，说起话来也更加投合脾性，使得沟通收到事半功倍的效果。有的时候，有的人性格内向，不愿意说出太多的话，对此，我们要循循善诱，找到对方感兴趣的话题，从而激发起对方谈话的兴致，让对方更加愿意和我们倾心交谈。

总而言之，对于不同的人要采取不同的回话策略，切勿把同样的回话策略照搬套用到每个人身上，否则就会导致沟通事

倍功半。当然，对于那些不怀好意、故意刁难的沟通者，我们也不要总是退让，需要强硬的时候就要保持强硬的态度，这样才能表明自己的立场，坚持自己的原则，让自己在沟通中有更好的表现。

根据对方的知识水平回话

成语“对牛弹琴”的意思是，对着牛演奏高雅的乐曲，牛根本听不懂，依然在那里专心地反刍吃草，而对于音乐无感。实际上，不仅人和牛之间有着这么大的鸿沟无法逾越，人与人之间，因为教育经历、家庭背景、生活环境、知识水平等的不同，也会产生巨大的思想距离，导致彼此之间对于对方的话根本听不懂。这样的交流看似在进行对话，实际上彼此之间不能相互理解，也没有共鸣，最终只会导致沟通阻塞，没有任何更进一步了解的可能，反而会产生误解，使得事与愿违。

在与人沟通的过程中，我们一定要考虑到对方的知识水平、理解能力和接受能力，进而调整自己表达的方式和力度，争取把话说得让对方能够听懂，也能够理解和接受。如果不提前做好各种准备工作，则就像是打枪的时候没有瞄准靶心一样，一定会导致差之毫厘，谬以千里。大多数人回话的时候只考虑自己的情绪和感受以及要表达的意思，忽略了对方的接受

和理解能力。也许有些朋友会说，我们与他人相处是有圈子的。没错，你与同事、朋友、同学相处，的确会因为各个方面的相近而形成圈子，但是，如果你与卖菜的人、推销的人、路边的陌生人相处，还能要求对方必须理解你的语言，适应你的表达方式吗？现实生活中，每个人都要与形形色色的人相处，我们一定要学会和不同知识水平的人打交道，这样才能给每个人以正确的回话，并促使沟通顺畅进行下去。

作为一家餐馆里的服务员，于娜的客户缘很好。很多老客户来到餐馆里，都指明要求于娜为他们服务。这是为什么呢？

于娜很擅长察言观色，而且很会沟通。例如，店里来了知识分子顾客，于娜会非常有礼貌地问对方："您好，老师，请问您需要点儿什么？我们这里有各地风味的菜品，您可以看这菜单，我给您介绍？"在介绍的过程中，于娜还会根据不同的时令和节气给客人推荐菜品："老师，现在是秋天，大闸蟹正肥美，来壶黄酒和大闸蟹一起吧！"如果进来的是农民工兄弟，于娜就会说："师傅，今天想吃什么？要红烧狮子头，还是要红烧肉？"如果进来的是年纪大的客户，于娜就会问："大伯，您想吃什么？我们这里的清蒸狮子头里有马蹄莲，非常清脆鲜甜，您可以尝尝！还有疙瘩汤，也是很受欢迎的。"

就这样，于娜不管见到怎样的客户，都会说出相应的回话，为此客户们都很喜欢于娜，也都愿意找于娜服务。因为看到于娜在待人接物上的眼力见儿，也见识到于娜的语言素养和

待人处事能力，没过多久，老板就提升于娜为大堂经理，让于娜负责协调整个饭馆的大堂工作。

到什么山头唱什么歌，对于于娜而言，就是见到什么人说什么话。通常情况下，知识分子文绉绉的，格调高雅，为此，和知识分子说话要字斟句酌，才能收到最好的效果。而对于农民工兄弟而言，则不喜欢酸溜溜地咬文嚼字，为此，在和他们打交道的时候，就要把话说得敞亮一些，通俗易懂，如此，沟通才会顺畅。此外，对于年迈的老人或者年幼的孩子，更是要用符合对方年龄特点和身心发展特点的话来进行沟通，才能事半功倍。

任何时候，回话只有说得恰到好处，才能收到事半功倍的效果。如果总是说得颠三倒四，根本不符合自己的身份，也不符合对方的知识水平，则沟通就会事倍功半。善于沟通的人不仅口若悬河，而且能够把话说到他人的心里去，让他人感到很容易理解，也很方便沟通，从而真正发挥语言的作用。

第2章

懂规则不说错：漂亮的回答令人印象深刻

回话是要讲究原则的，既不能巧舌如簧只捡好听的话说，也不能哪壶不开提哪壶，导致说起话来总是惹人生厌。只有坚持原则，懂得规矩，才能把回话说得更加漂亮，并借此机会给他人留下良好的印象。通常情况下，回话要讲究真实原则、具体原则、直接原则、适度原则、谦虚原则、委婉拒绝原则等。只有在这些原则的指导和作用下，回话才能事半功倍，起到最好的作用。

回话要真实，交往才能真诚

众所周知，真诚是交往的基本原则，任何时候，我们都要真诚地与他人相处，这样才能与他人建立和维持良好的人际关系，避免互相猜忌，避免彼此之间的关系受到破坏和损害。基于真诚的原则，回话一定要坚持真实的原则，而不要出于任何原因出现撒谎、虚构和捏造事实的情况。哪怕是善意的谎言，也会给人带来很大的伤害，而且，一旦习惯了虚伪矫饰，人与人之间的沟通就会出现很多的误解和障碍，也会导致人际关系发展不顺利。

沟通的目的就是进行信息的交流，如果传递出来的是虚假的信息，那么交流还有什么作用呢？为此，保证信息的真实，是从源头上保证沟通顺利的基本要求。这就像照镜子，如果人的面部很脏，那么镜子里的人就也是肮的。要想改变脏兮兮的样子，就要先清洁自己的面部，保持干净卫生。回话真实是沟通真实的有效保证。

也许有些朋友会说，他们之所以不能做到真实，是有不得已的苦衷或者原因的。例如，畏惧上司的权威，不敢直截了当地指出上司的错误；忌惮对方掌握着更大的权力，所以总是阿谀逢迎。其实，不管什么原因，都不能成为牺牲真实回话的

借口和理由，除非你想让自己与他人之间的相处和交流完全虚伪，变得毫无意义。

最近，身为南方人的刘大妈去东北的亲家母家里做客，顺便看看女儿远嫁东北之后生活得怎么样。到了东北，亲家母非常热情地招待刘大妈，每顿饭都做得很丰盛，饭后还会准备很多东北当地的零食、水果等给刘大妈享用。

刘大妈最爱吃柿子，在寒冷的冬天，东北恰巧有冻柿子。亲家母听到儿媳妇说刘大妈喜欢吃柿子，便准备了很多柿子，有新鲜的柿子，有柿子饼，还有冻柿子。一天晚饭后，全家人围坐在热乎乎的土炕上，刘大妈心想：这么燥热，要是有个冻柿子吃，那可太美味了。正在此时，亲家母端来一大盘冻柿子，招呼刘大妈："亲家，快来吃柿子，这可是很新鲜的冻柿子，坐在火炕上吃柿子，一点儿都不冷，就像大夏天吃冰棒一样舒爽！"刘大妈心里很高兴，因为她正想吃柿子呢，而她嘴巴上却说着："哎呀，不吃不吃，你快歇会儿吧，亲家，你都忙活一天了。"亲家母听到刘大妈说不吃冻柿子，给每个人都分了一个冻柿子之后，就端着剩下的柿子送到院子里的天然冰柜中了。大家都吃着柿子，唯独刘大妈干坐着，还忍不住悄悄地咽口水，简直太尴尬了！

和南方人喜欢客套相比，东北人的性格非常实在，有一说一，有二说二，自然，他们对于别人说的话也会全部当真，而不会觉得其中有客套的成分。在弄清楚东北人的脾气秉性之

后，相信刘大妈下次会很自然地接受亲家母的招待，而不会再瞎客气了。

人们总是会因为各种各样的原因而逃避真相，选择以虚构或者撒谎的方式呈现出非真相的一套说辞。其实，这样的客套和虚伪之间并没有太大的差别。现代社会的年轻人，每天在工作和生活中都需要面对形形色色的人。不管是面对自己的缺点还是优点，都要当机立断，坦诚真相，而不要总是犹豫不决，说些模棱两可、含糊其词的话。不管是否真的为了对方好，若我们失去真诚，也失去真实，我们与他人就永远不可能建立坦率的、毫无嫌隙的关系。不得不说，这是得不偿失的。为此在给人回话的时候，我们要分清楚轻重主次，也要知道该说什么、不该说什么，这样才能把回话说得恰到好处，让语言为我们与他人的相处助力和增添光彩。

回话要直截了当，不要说毫无意义的套话

回话要直截了当，这才是直面问题和解决问题的态度，而不要总是顾左右而言他，或者含糊其词，导致别人对于原本应该十分明确的问题无法理解透彻，使信息交流也出现很大的障碍。最有效的方式，就是开门见山，说出问题的所在，表达自己真正想要表达的意思，而不要总是弯弯绕绕，在说出真正

的话之前进行很多的铺垫。这些铺垫的话大多数都是客套和寒暄，对于信息的交流没有切实的意义，反而因为假大空而使人感到很不痛快，也不够高效率。

日常交流中，我们在给他人回话时，要避免拖泥带水，说毫无意义的套话。当他人给我们回话的时候，我们也可以要求他人直奔主题，直截了当，而不要总是绕来绕去，总也不能到达主题。在心理学上，有一个超限效应，意思是说，若很多事情做得过度，就会产生物极必反的效果。例如，曾经有一位名人参加慈善活动，在主持的牧师说出很多套话后，这位名人很生气，原本决定捐款的他非但没有捐款，反而从捐款的地方浑水摸鱼拿走了一些钱。当然，这不是因为名人缺这点儿钱，而是因为名人心里十分反感，所以才会故意以这样的方式泄愤。由此可见，简明扼要地进行语言表达很重要，可以让我们达到预期的目的，也可以在我们与他人之间的交流中起到更好的作用。

小梦才大学毕业几年，就因为在工作上的表现非常好，而得到了晋升的机会，被委以重任。能够升职加薪，小梦当然非常高兴，但是她也知道自己还缺乏工作经验，缺乏历练，为此特意拎着礼物去拜访自己的前任上司，向他取经。

小梦对上司说："领导，我很感谢您如此信任我，在离任之前，推荐我来担任如此重要的职位。不过我很担心，我缺乏经验，不知是否能够把这份工作做好。您可以给我一些建议，告诉我怎样才能把工作做好，不辜负您的期望吗？”前任上司微微一笑，对小梦说：“坚持作正确的决定。”

小梦沉思片刻，说：“我恐怕无法每次都作出正确的决定。我到底要怎么做呢？”看着小梦焦虑担忧的样子，上司说：“积累经验。”小梦还是很困惑：“如何做才能快速积累经验呢？我可不想给您丢人，也不想让他人指责您的推荐是错误的。”前任上司说：“经验是从错误的决定中得来的。”小梦恍然大悟：“原来，要想进步和成长，无论如何也躲不过犯错误的怪圈，只有在错误的决定中才能不断地反思和进步，才能变得越来越成熟。”小梦把自己的感悟说给上司听，上司鼓励小梦：“放心大胆地去干，每个人都是在错误中不断成长起来的，你只要在犯错误之后及时反思和总结经验，就能够不断进步！”

前任上司在回答小梦的问题时非常简洁明了，也做到了一语中的，所以小梦才能领悟到前任上司的意思，也明白了自己必须坚持努力和尝试，才能从错误中积累经验，踩着错误的阶梯不断前进。如果前任上司说出一大堆套话和无用的话，则根本不可能对小梦有切实有效的帮助和指导意义。

具体而言，在给他人回话的时候，我们要坚持以下几个原则，才能最大限度发挥回话的积极作用，让回话能够对于我们的成长有切实有效的帮助。首先，给他人回话的时候，要直截了当，最好少说那些无关的话，而要紧扣住交谈的主题，让

交谈始终围绕重点问题展开，进行讨论。日常生活中，很多人都会扯闲话，这也许很适合朋友之间、邻居之间漫无目的地闲谈，但不适合有目的的信息交流。其次，在给他人回话的时候，一定要讲究方式方法，要有逻辑性和条理性，而不要总是思维混乱，否则就无法抓住重点，给他人积极的回应。最后，面对他人故意的刁难，当知道别人是别有用心时，我们就无须坚持直接回应的原则，而是可以采取一定的技巧和策略让自己摆脱尴尬，例如，我们可以顾左右而言他，或者转移话题，或者把问题再反问回去，把皮球踢给对方，这些都是很不错的选择，可以让我们从容回应他人。回话固然要讲究原则，但也要因事因人因环境和场合灵活应对，而不要一味地坚持原则，却失去了回话的意义。

回话要具体详尽，不要隐瞒或含糊其词

在给他人回话的时候，一定要具体详尽，而不要总是刻意隐瞒，或者含糊其词，否则就会导致信息交流不顺畅，也会使得人与人之间的沟通产生负面的作用和效果。当然，有些人不是因为不善于表达才会导致语意含糊，而是因为自己有小心思或者是特别的目的，才会故意采取隐瞒的策略，不从正面回答他人的问题或者给予他人明确的回应。含糊其词，如果是作为

交谈的策略使用，目的在于帮助自己和他人摆脱尴尬，自然无可厚非，但是，如果是为了回避问题，甚至是为了欺骗和伤害他人，则是不可行的。

与他人进行交流和沟通，最重要的目的就在于交换信息，而要想收到信息交流的效果，不管是向他人提问，还是给予他人回应，都要让回话更加具体详尽。尤其是当有些问题不好意思说明，或者担心说出来会引起他人误解的时候，逃避不是办法，更应采取适宜的方式进行合理恰当的表达，这样才能让交流更加到位。有的时候，遮遮掩掩、含糊其词，还会导致他人对我们产生不好的印象，觉得我们为人不够真诚坦率，也觉得我们是在刻意隐瞒和故意逃避。这样一来，双方的相处就会失去真诚，彼此的交流也变得不再坦率，不得不说，这是非常糟糕的。

小敏认识了一个很优秀的男孩，并且和男孩相互喜欢。有一次约会时，男孩问小敏："像你这么优秀的女孩，一定曾经有很多的追求者吧！你谈过几次恋爱呢？"小敏听到男孩问这么敏感的问题，马上忸怩起来，不好意思地说："这是我的隐私。"男孩很惊讶："但是，现在我们在交往，应该让对方更了解自己才对。"小敏还是不愿意回答，为此对男孩说："那么，你谈过几次恋爱呢？如果你的回答让我满意，我就告诉你我的恋爱史。"男孩有些不悦地说："这个问题没有这么神秘吧！大家都是成年人，有恋爱的经历很正常，你这么遮遮掩掩

的，反而让我更加好奇。我可以告诉你我的恋爱史，希望你也能和我坦诚相见。”

小敏从一开始就不想说出自己的恋爱史，导致男孩对于小敏的恋爱经历更加好奇。此外，从男孩最后的言语里，也可以看出男孩有些不高兴，小敏顾左右而言他的回应态度，使得他对小敏有了猜疑。其实，小敏如果从一开始就能坦率真诚地回答问题，相信反而能够赢得男孩的尊重和信任，也有助于彼此关系的发展。

在人际交往中，每个人都要与人交往，也要与他人进行沟通和交流。在回应他人的时候，一定要本着真诚友善的原则，坦率面对他人，详尽地回答他人的话。尤其是当他人的提问非常真诚时，我们更是要知无不言，言无不尽。对于那些并非涉及隐私的问题，一定要给对方坦率的回答，而不要总是让对方觉得你在故意逃避或者隐瞒事实真相。此外，回答的时候语言要详尽生动，而不要总是含糊笼统。那些形而上的话，适合与热爱哲学的朋友进行讨论，和普通朋友交流时，还是要尽量翔实具体些，不要给人以夸夸其谈、非常空洞的感觉。

具体而言，在回话的时候，要让回话的内容更加具体。例如，别人问你喜欢什么，你要回答喜欢烹饪、旅游或者读书等，而不要回答喜欢能够丰富精神的活动。再如，别人问你是哪里人，如果是在国外面对国际友人，你可以回答“我是中国人”，如果在国内面对本国家的人，你最好回答“我来自江

苏苏州”或者是“我是安徽蚌埠的”，而不要说“我是中国人”，否则会给人以夸大其词或者说话不实在的感觉。此外，在给他人回话的时候，还要让语言更加丰富生动，而不要说那些没有实在意义的、概括性的话。例如，别人问你“你今天过得到怎么样”，你可以说“很好”，也可以说“今天特别愉快，我和朋友一起去爬山，回来之后还一起吃了晚餐”。相比起“很好”，显然后一种回答更能够表现出你的真诚和热情，也会让问话的人感受到你的友善，愿意继续与你交谈。

总之，回话的具体内容会表现出你与人交流的态度，如果你在回话的时候总是敷衍了事，甚至只用“呵呵”二字就把他人打发了，你就会成为话题终结者，对方根本不会愿意与这样冷漠、不健谈的你继续沟通。明智的回话者，除非不想继续交谈，否则总是会把话说得具体生动，也会把话说得更加打动人心，从而引起对方的交谈欲望，激发对方的交谈兴趣。

回话要适度，话痨让人想逃避

俗话说，凡事皆有度，过度犹不及。做任何事情，我们都要讲究限度，一旦超过限度，就会导致事与愿违。在给他人回话的时候，我们固然要积极热情，也要让回话更加生动详尽，但是并非回话越多越好。回话要适度，否则，若给人留下话痨

的印象，只会导致他人想要远离和逃避我们。如何在热情和详尽地回话与适度回话、避免引起他人反感之间把握好合适的度，这是涉及说话艺术的问题。

现实生活中，很多人在面对不同的交谈对象回话的时候，表现是大不相同的。例如，有些人一旦看到长辈就很紧张，为此，在回答长辈的问题时总是敷衍了事，这样未免会打击长辈关心晚辈的积极性，也会让长辈感觉自己不受尊重。再如，有些人平日里和朋友相处非常健谈，和同事相处也能谈笑风生，唯独在面对上司的时候，一下子变成了闷葫芦，哪怕上司是在和他们说工作上的事情，他们也只会唯唯诺诺地答应上司，而不愿意借机和上司展开讨论。等到事情过后，他们不知道如何完成上司交代的任务，对于细节问题的把握有所欠缺，未免感到后悔：早知道我当时和上司问清楚情况就好了。然而，这个时候已经错过了机会，如果再去针对工作的问题询问上司，则未免会给上司留下听话不认真的糟糕印象。

那么，回话到底是多一些好，还是简明扼要好，抑或是在面对辈分或者职位比自己高的人时就只能低头听训呢？这并没有明确的标准可以套用，需要我们根据不同的交谈对象，根据交谈的每一件事情，来进行权衡和定夺。通常情况下，回话太多，喋喋不休，甚至把话题生发开去独自进行演讲，有话痨的嫌疑，会让人心生厌烦。反之，回话太少，导致问题没有得到深入的沟通，使得问题阐述不清楚，对于他人的意思领悟不透

彻，也会使得后期交流出现障碍，还会因为缺乏谈话的热情而让谈话无以为继。由此可见，必须掌握适度的原则，让回话的量适宜，才能面面俱到，起到最佳的作用。此外，回话太多，还有一个弊端，那就是导致在无关紧要的问题上说了很多，使得真正想要表达的重点不能被突出，也使得回话的质量大大降低，这些都是很糟糕的情况，应该避免发生。

当然，回话不适宜，除了因为回话者回话的时候别有用意之外，还与回话者的语言表达习惯、逻辑思维能力有密切的关系。有些回话者因为情绪激动导致思维混乱，或是因为非常愤怒而导致回话的时候语无伦次，这些都是有可能的。不管处于那种情况，我们都要在回话之前整理清楚自己的思维，让自己的思路清晰、条理分明，也要突出重点，确定回话的目的，这样才能有的放矢地把话说好，才能卓有成效地改掉说话啰唆、语意重复的坏习惯。

英国前首相丘吉尔不但是当时政治论坛上叱咤风云的人物，也是一位伟大的演说家。为此，在1948年，牛津大学特意邀丘吉尔为毕业生进行演讲，演讲的主题就是“成功的秘诀”。为了让演讲收到轰动的效果，牛津大学很早就把丘吉尔要来演讲的消息放出去，社会各界对于这场演讲也非常关注，尤其是牛津大学的学生们，更是想从丘吉尔那里得知“成功的秘诀”。

终于，丘吉尔讲演的日子到了。人们很早就来到演讲的地

方就座，没有任何人愿意错过这场盛况空前的演讲。又因为丘吉尔曾经获得诺贝尔文学奖，所以人们对于他的演讲更是充满期待，也相信他的演讲一定会博古通今、慷慨陈词，并真正地打动和激励人心。在人们的翘首企盼中，他缓缓走上演讲台，这个时候，人们马上爆发出雷鸣般的掌声，欢迎丘吉尔的到来。只见丘吉尔缓缓地摘下礼帽，递给助理，又扫视着台下的听众们，最终才以平稳的语调开始演讲："我成功的秘诀只有三个——第一个绝不放弃，第二个绝不、绝不放弃，第三个绝不、绝不、绝不放弃！我的演讲结束了，谢谢大家！"说完，丘吉尔向听众们鞠躬感谢，紧接着就走下演讲台，结束了演讲。对于丘吉尔这场特别短暂和出人意料的演讲，直到丘吉尔走下演讲台，听众朋友们还没有回过味来，直到一分钟之后，他们才醒过神，再次爆发出雷鸣般的掌声，对于丘吉尔的演讲表示认可和感谢。

丘吉尔的演讲堪称演讲史上最短小精悍的演讲，这是因为，对于成功的秘诀，丘吉尔没有更多的长篇大论需要说，也不想因为说些毫无意义的话而使演讲失去重点。相信在听到这次演讲之后，大家对于丘吉尔演讲的重点会有很深刻的印象——要想成功，就要绝不、绝不、绝不放弃。以这样的方式突出演讲的主题和重点，丘吉尔是非常成功的，也到达了演讲预期的目的。

很多人会担心在回话的时候语言太过精练会影响回话的

效果。其实不然。不管回话是长还是短，都应该坚持一个原则，那就是达到回话的目的。所谓不忘初心，放得始终。哪怕回话再多，如果不能起到预期的作用，就是不成功的。作为回话者，我们一定要坚持传递信息的原则，让自己的回话在他人那里是有意义的，也是可以对他人起到帮助作用的。这样一来，就要确定回话的重点，就像写作文为了避免跑题而列举出大纲一样，回话也只有抓住重点才能最大限度完成传递信息的使命。此外，在回话的时候，还要避免不良的说话习惯，很多人在说话的时候无意识间会使用很多口头语，如“好的好的好的”，其实只需要说一个“好的”就能实现回话的作用，接连说这么多“好的”，未免使人感觉很有敷衍了事和不耐烦的意味。还有些人会有其他的口头禅，而这些口头禅都是需要避免的，以免对于回话的意义产生干扰，起到负面的作用。

总之，回话要根据目的坚持适度的原则，才能收到最佳的效果，不要一味地贪多或者求少，否则就会导致回话的作用被削弱。

学会拒绝，委婉巧妙

在现实生活中，有很多老好人好心泛滥成灾，甚至为了帮助他人而不顾自己的实力，也不顾自己的能力和水平，在自

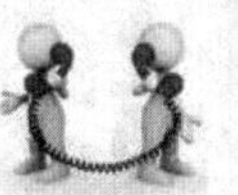

己很难做到的情况下，答应了别人的不情之请，允诺要帮助他人；结果，却因为自身能力不够而导致非但没有帮助对方，反而耽误了对方向他人求助。这样一来，自然落不下什么好名声，反而会被埋怨，可谓是赔了夫人又折兵，完全得不偿失。

为何老好人要做这样不划算的事情呢？如果帮助了别人，落得了好处，尚且情有可原；如果没有帮成别人，反而落下埋怨，那么图什么呢？其实，这只是因为老好人不懂得拒绝他人。面对他人的请求，他们在回话的时候总是不加思索地允诺下来，或者是为了维护自己的面子，或者是因为不好意思拒绝。总而言之，他们不懂得拒绝的回话艺术，生怕因为回话而得罪他人。

当然，和求助于人相比，拒绝他人的难度并不小。这是因为被求助的人往往处于更有利的位置上，如果不讲究方式方法，生硬地拒绝他人，则未免会让他人生出懊恼，甚至会招致他人的记恨。因而拒绝他人一定要有艺术，要学会委婉巧妙地表达，这样才能在拒绝的同时顾全他人的颜面，保护他人的自尊，才能在拒绝的同时表明自己的难处，从而赢得他人的谅解。

在办公室里，小朱总是经常加班，这倒不是因为小朱不懂得利用时间，不擅长提升工作效率，而是因为小朱是不折不扣的老好人，从来不懂得拒绝他人的请求。为此，总有些同事会因为着急下班而把工作交代给小朱帮忙完成。一开始，大家还会对小朱表示感谢，后来索性觉得小朱帮忙是应该的，为此，

他们对于小朱的付出总是不以为然，甚至觉得小朱不管怎么做都是应该的。

最初进入公司的时候，小朱还是单身汉，一个人无牵无挂的，也不觉得经常加班有什么不妥，他也想借着帮助同事的机会攒下好人缘。后来，小朱越来越尴尬，因为找他帮忙的同事越来越多，而且都是一副必须帮忙的架势。小朱完全不知道应该如何拒绝同事们，后来，他谈了几个女朋友都因为他总是加班而告吹。思来想去，小朱决定找个好办法拒绝同事们。有一天傍晚，马上就要下班了，又有一个同事找到小朱说："小朱，帮我检查下这个文件，我约了朋友吃饭。"小朱赶紧装作很着急的样子对同事说："不好意思，我今天也有事情，我爸爸身体不舒服从老家过来检查，我必须回家给他做饭。"同事就算再不讲道理，或者心里很不高兴，也不能强求小朱必须帮忙加班。就这样，小朱陆陆续续找各种借口拒绝了要他帮忙的同事，虽然同事们心中很不乐意，但是小朱说出来的理由合情合理，他们也就不好继续强求小朱。经过很长一段时间，小朱终于成功地改变了自己的老好人形象，也把拒绝的回话说得越来越好了。

一个人一旦成为老好人，似乎就失去了拒绝他人的资格，为此，面对他人的求助时会非常被动。实际上，人在职场，每个人都有自己的分内工作需要完成，求人帮忙只能是一时的应急措施，而帮助别人也只能偶尔为之。如果对于他人的一切请

求都不假思索地答应下来，则只会导致自己变得越来越被动和无奈。我们必须掌握回话的拒绝技巧和艺术，这样才能在拒绝他人的同时不得罪他人。当然，对于那些总是提出不情之请的人，我们则没有必要一味地讲究方式方法，既然对方能常常提出不情之请，那便意味着他们对于“不给别人添麻烦”这个道理没有太深刻的感悟。

其实，不给别人添麻烦是一种美德，任何时候，我们都不要总是把希望寄托在他人身上，而要尽量依靠自己的力量解决问题。如果实在迫不得已，需要求助于他人，也要以尽量不给他人添麻烦为前提。当然，对于他人的求助，我们在力所能及的情况下要给予帮助，如果超出能力范围，则要合理地拒绝。要知道，合理地拒绝不是为了终止关系，而是为了保持关系的良性发展。否则，一旦变身老好人，再想拒绝他人就会很困难，也会惹得他人不高兴。与其为了面子问题而一味地接受他人的请求，不如在适当的时候以恰到好处的方式表示拒绝，这样反而能够维持好关系，也能够让一切进展更加顺利。

第3章

认真听仔细想：弄清楚对方动机，作出有效回答

面对他人的提问，很多时候我们的回答是无效的，这不是因为我们故意避重就轻或者避实就虚，而是因为我们对于对方的提问没有真正听清楚想明白，更不了解对方的提问动机，为此，回答就会出现无效的情况。其实，在人际沟通的过程中，从问题的提出到问题的回答，其间只有很短暂的时间可供我们去思考，为此，我们一定要集中注意力，争取在第一时间就把问题想明白，这样才能有的放矢，让回答更有针对性，也有更高的效率。

认真倾听，比急于回答更好

很多人都是急脾气，在做很多事情的时候都迫不及待，哪怕是听别人说话，也不愿意认真倾听，而是在话听到半截的时候就急着发表自己的见解。其实，这样的回答往往是无效回答，因为，若不能完全听懂他人的话，我们的回答便往往会失之偏颇，也根本无法起到预期的作用。

所谓磨刀不误砍柴工，与其进行错误的回答，还不如在回答之前先认真倾听他人，听明白他人的问题，再认真思考、作出回答，这才是最重要的，也是最关键的。所以，朋友们，不要急于回答问题，而要保持认真倾听。这是回答问题的先决条件，也是必要因素。

作为美国大名鼎鼎的汽车销售大王，吉拉德创造的汽车销售纪录至今无人能够打破。他在从事汽车销售的某一年里，卖出去1425辆汽车，这意味着他平均每天要卖出去4辆汽车，才能创造出这样的销售佳绩。然而，吉拉德的销售生涯并非一帆风顺，有一次，他曾经失去了一个即将签约的客户，而对于为何会失去这个订单浑然不知。这次失败的经验让吉拉德对于自己的销售工作进行了深刻的反思，从而有了很大的进步。

那天下午，有个顾客来买车，吉拉德和平日里一样马上滔

滔不绝地向客户介绍汽车，客户对于吉拉德推荐的汽车也感到很满意，原本已经准备签约，却突然放弃购买。对于客户的表现，吉拉德感到非常困惑，他自己苦思冥想一个晚上也不知道原因，最终忍不住深夜给客户打电话，对客户说："先生，很抱歉这么晚了打扰您，我只是想知道您为何又不想购买我推荐的汽车了。请您不要误会，我不是想继续向您推销汽车，我只是想知道我有哪些地方做得不好。"对方感到很厌烦："这是深夜，你觉得你这个时候打电话来合适吗？"吉拉德非常诚恳地说："很抱歉，先生，我知道这不合适。但是我真的很想做一个优秀的推销员。我恳请您为我指出不足，以便我未来可以为您和其他更多的客户更好地服务。"对方被吉拉德的真诚打动，对吉拉德说："那好吧，我告诉你，一切只是因为，我告诉你我的儿子考入了最好的大学，并且询问你的想法，而你却只顾着催促我交钱！"吉拉德恍然大悟："先生，的确是我做得不对。请允许我向您表示最真挚的祝贺，也非常感谢您给我指出不足，我一定会马上改正。"

吉拉德销售失败的经验给可以给我们深刻的启示，那就是在听别人说话或者提问的时候，我们一定要认真倾听，而不要一味地急功近利，只说自己想说的话，只回答自己关心的问题。吉拉德正是因为疏忽了客户的话题，才导致客户不满，失去了到手的订单。对于一个销售而言，不要只顾着推销自己的产品，而要认真倾听客户的问题，这样才能领略到客户的真实

意图。其实，客户对吉拉德说起自己儿子考入名牌大学，只是想要炫耀儿子的优秀和出色，也希望得到吉拉德的羡慕和祝贺。吉拉德当时在销售方面也许做得很好，但是在认真倾听方面则很失败，因为一心只想着赶紧签单，他忽略了客户更深层次的需求。

虽然我们未必和吉拉德一样从事销售工作，但是有一点很重要，那就是每个人都要与他人相处和沟通，也难以避免地会被他人提问。在交流过程中，我们一定要认真倾听他人的话，这样才能让交流顺畅进行，达到最佳的效果。具体而言，我们要做到以下几点。

首先，在倾听他人的过程中保持专注力，而不要总是在没有听清楚的情况下就急于对问题作出回答，否则只会导致事与愿违。其次，在倾听的时候，要保持专注力，也要及时给予他人回应，避免一边倾听一边做其他的事情，表现出心不在焉的样子。最后，倾听的过程中不要随意打断他人，这是对他人尊重的表现，也可以让对方更加深入到位地阐述。当然，在对方表达过程中出现停顿的时候，可以适时地提问，以便激发对方的谈兴，收到抛砖引玉的效果。尤其需要注意的是，针对对方的谈话，我们还可以在专注倾听的过程中起到引导的作用，从而避免冷场或者尴尬的情况。

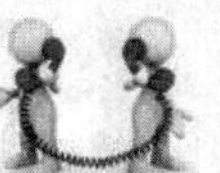

听明白问题再回答更有效

语言作为信息的载体，只能传达字面的意思；同时因为每个人的理解能力不同，所以在表达时还需要因人而异，才能让听者理解语言蕴含的深刻含义，才能让回话在以语言作为媒介的沟通中起到更好的作用。由此可见，只是正确地表达还远远不够，还需要以听力作为辅助，真正理解问题的含义，才能为正确解答问题铺垫基础，做好准备。

有的时候，我们没有听明白别人的问题，那么不妨问问别人到底想问什么。有的时候，我们没有听清楚别人在说什么，那么不妨让别人多说一遍。不管是没有听清楚，还是没有听明白，弄清楚问题才是最关键的。古人云，不耻下问，我们这不是问，而是请求对方复述一遍，并没有什么丢人的，所以无须因为觉得丢人而逃避。

在倾听的过程中，除了要听清楚他人所说的话之外，还要真正弄懂他人的意思，知道他人想问什么，也知道他人真正的用意在哪里。在倾听的过程中，除了要调动耳朵，还要用心去思考，这样才能深入问题，透过问题的现象看到问题的本质。这才是真正有效的倾听，才能令我们在倾听他人之后作出卓有成效的回话。

作为一名兼职编辑，贝奇遇到了一件很糟糕的事情。一年之前，他为一家图书公司组稿，因为当时和图书公司的负责人

谈好等到图书出版后3个月内结算稿费，结果这家图书公司和出版社的合作出现问题，导致这本图书成稿之后没有得到及时出版。每次，贝奇去找负责人索要稿费，负责人总是以图书还未出版为由推卸责任，不愿意结算。无奈之下，贝奇只好诉诸法律手段，请了律师去和图书公司的负责人进行洽谈。

律师问负责人："图书正常的出版流程是怎么样的？"负责人说："通常成稿之后会组织审稿，三审三校之后，再组织排版，最终印刷。"律师又问："那么，你们拿到书稿为何没有出版？"负责人说："和出版社的接洽出现问题。"律师说："那么，这是属于谁的问题呢？"负责人有些语结，不知道接下来该说什么，良久才说："不管因为什么原因，图书都还没有出版。"律师当即说："这么说来，您承认图书不能正常出版是你们的问题，而不是我当事人的问题。我当事人保证稿件是可以正常出版的，至于能不能出版，则是需要你们去操作的。如果你们一直拖延着不出版，我当事人不可能始终不索要稿费。或者，你必须告诉我这本书最迟什么时候能出版。否则，你就要马上为我当事人的劳动埋单。"律师的话说得很清楚，当然，律师不是因为关心出版问题才来询问负责人相关的情况，而是为了保证当事人的合法权益和利益。

在律师给出诉讼的时间后，图书公司的负责人很快和出版社领导协调沟通完毕，把贝奇的稿费支付了。

其实，贝奇在当初和图书公司达成合作意向的时候，就掉

入一个陷阱，即图书出版后3个月内支付稿费。要知道，图书能否出版受到很多因素的影响，而不是作者所能决定的。尤其是这种图书公司和出版社合作的稿件，更是受到多种因素的综合影响，如出版社的出版计划，图书公司的经营情况等。为此，贝奇在签订合作协议的时候，就应该与图书公司约定：如果稿件出于非作者原因导致迟迟不能出版，那么图书公司必须在多长时间之内结清作者的稿费。这样，贝奇才算有了基本的权益保障，才能在索要稿费的时候理直气壮。

对于他人的话，一定要听得认真仔细，除了要听懂字面的意思之外，还要听懂对方的言外之意，这样才能最大限度理解对方的意思，给对方积极的回答。很多人一旦面对他人的提问，就会急于回答问题，这种情况下，难免因为不假思索而说错话，也使得自己即使回答了问题也无法得到想要的结果。为了避免这种糟糕的情况发生，在回答问题之前，一定要认真思考他人提问的意思，也要知道他人在语言背后隐藏的意思，这样才能把握住问题的根本所在，对于问题进行顺畅的沟通和解答。

当别人的提问并不简明扼要也不开门见山的时候，我们还要保持充足的耐心，这样才能将别人表达出来的零碎信息进行整合，从而使得各种线索都能综合起来，形成一个有机的整体。当然，这样的能力并非与生俱来的，每个人要想提升回话的水平，就要在与人沟通的过程中多多练习，让回话的能力水涨船高。

明确提问动机，尽量避免主观

每个人在提出问题的时候，一定有自己的深层次用意，为此，作为听问题的人，我们要尽量揣测提问者的真实意思，而不要总是从自身的主观角度出发，对于提问者胡乱猜疑。试问，如果不知道对方提问的目的和动机，我们如何能够圆满地回答问题呢？这就像是一个人要出门去旅游，却不知道目的地在哪里；一个人扛着枪要打靶子，却连靶子在哪里都不知道。在回答问题前，我们一定要想方设法明确对方提问的动机，这样才能避免犯主观错误，才能避免以自己的心意误解他人。

在现实的人际沟通过程中，倾听很难做到，有效的倾听更是难得。要想进行有效的回答，前提就是要进行有效倾听，这样才能在倾听的过程中洞察他人的意思，从而在回答的过程中给出他人想要得到的信息。不可否认，每个人都是独立的生命个体，因为成长经历、教育背景、脾气秉性等的不同，使得每个人在思考问题的时候都会从自身的主观立场出发，进行衡量和考虑，这也直接导致在人际相处中人与人之间很难相互理解和尊重。为了避免主观思想和态度碰撞引起各种矛盾，我们在思考问题的时候一定要学会设身处地，尽量站在他人的角度上思考问题，这样才能给出他人满意的回答，才能与他人进行更加深入的互动和交流。

因为提问动机引起的误解，在成人和孩子之间非常常见。

这是因为孩子有自身独特的思维方式，而成人往往会站在自己的立场和角度上思考孩子的问题，不能做到怀着赤子之心体验孩子的感受。这样一来，成人与孩子之间的误解油然而生，也就无法彼此融洽相处。

周末，豆豆吵闹着要去动物园里玩。其实，豆豆今年已经去了好几次动物园。为此，刚听到豆豆又要去动物园，妈妈便忍不住发作起来："那个破动物园里有什么好玩的，臭气熏天，而且傻大傻大的，把动物园走一圈，简直要累死人。咱们去游乐场吧，好不好？"然而，豆豆偏偏和其他孩子不一样，对于游乐场并没有特别的兴趣，而最喜欢去动物园看小动物。豆豆尤其喜欢喂动物园里的羊驼，那些羊驼特别可爱呢！

为此，豆豆丝毫没有妥协，对妈妈说："那不是破动物园，那是好动物园。动物园里有很多可爱的动物，我最喜欢和小动物玩了，我还要带着大白菜去喂山羊呢，我还要看大象用鼻子给自己洗澡呢！妈妈，你喜欢长颈鹿吗？"妈妈说："长颈鹿就是有个长脖子，其他的没什么稀奇的。我不想去看长颈鹿。"听到妈妈的话，豆豆忍不住哭起来。无奈之下，妈妈只好带着豆豆去动物园。

豆豆试图说服妈妈去动物园，因为辩论不过妈妈，只好以长颈鹿吸引妈妈。他问妈妈是否喜欢长颈鹿，是想得到妈妈肯定的回答，也是希望妈妈能够陪伴他一起去看长颈鹿。没想到，妈妈实在不想去动物园，为此，明明知道豆豆的心思，

却假装不知道，而给出豆豆不想要的回答。这样一来，彻底破灭了豆豆成功说服妈妈去动物园的愿望，所以豆豆才会这么伤心，才会这么生气。

很多父母都能轻易看穿孩子的心思，这是因为孩子的内心很单纯，不管是说话还是做事情都很直截了当。而对于孩子真正的心理需求，有的父母却不愿意看懂，或者说是假装看不懂。这都是因为他们不想迎合孩子，而想要试图改变孩子的想法。

当然，不仅父母和孩子之间存在这样的问题，很多成人在彼此之间进行沟通和交流的时候，也会存在同样的问题。要想避免尴尬，在对方倾诉或者提问的时候，我们一定要认真倾听，透过对方的话探寻对方的真实意思，这样才能把问题回答得恰到好处，才能以圆满的回答打动他人的心。首先，一定要集中精神，而不要三心二意地倾听别人，否则，可能漏掉一句话或者疏忽了一个词语，就会让语言的意思相差很大。其次，在倾听对方的时候，不要左右环视，而应该看着对方的眼睛。正如人们常说的，眼睛是心灵的窗口，只有看着对方的眼睛，我们才能透过眼神的变化更加细致入微地体察对方的心思。最后，当把对方的每一句话和每一个字都听到耳朵里的时候，既不要假装没有听见对方说话，也不要故意曲解对方的意思，这些都是暂时的逃避方法，不能从根本上解决问题。即使听到了不想听的话，或者被对方以各种问题刁难，我们也要勇敢面对，积极回应，这样才能真正从根本上解决问题。此外，也不

要忽略了作为交流辅助手段的肢体动作等，这些动作往往都出自无意识，为此会更加真实地表现出说话者的内心真实状态和情绪情感状态。总而言之，有效地倾听不但是用耳朵去听，更是用心去听，进行细致入微的感受和富有逻辑性的思考，才能透过语言的表象看到语言的本质，才能让沟通事半功倍。

认真听人说完问题是尊重，也是回答之道

在生活和工作中，很多人都会犯一个错误，那就是在与人沟通的时候，不等别人把话说完，就马上打断别人的话，然后凭着主观对于别人的臆想和推测，无端地判断他人的言行举止。这样做有很大的弊端，不但会委屈和误解他人，也会导致自己陷入尴尬之中，还会给他人留下糟糕的印象。然而，尽管人人都知道认真听人说完话是一种尊重和礼貌的表现，也是人际相处的基础，但依然有很多人不能把倾听这件简单的事情做好，而且，有些人总是自诩为性格直爽、刀子嘴豆腐心，为此，在与人沟通的过程中更加急躁，从不讲究方式方法。

在别人没有说完话的情况下，就开始作自己的判断，这不仅是性格的问题，而且表现出一个人的素质和涵养的问题，是一个人品格低的呈现。在这样盲目打断别人说话、无端对他人下定论的背后，隐藏着听话者主观的错误。从现实的角度而

言，人是感情动物，每个人都会情不自禁地从自身的角度出发思考问题，为此，在和他人沟通的过程中，也往往会以自己的经验、价值观念等对他人的言语作出判断。这种做法，轻则伤害与他人之间的感情，重则导致人际关系破裂。

还有些人明明知道自己有主观臆断的错误，却不愿意承认错误，而是继续坚持自己的想法，不愿意耐下心来倾听他人。要想避免这样的误解出现，就一定要沉住气，不管别人正在说什么，都要等到别人真正把话说完，再作出反应和回应。大多数时候，如果不能做到谨言慎行，而总是口无遮拦，想说什么就说什么，则一定会导致说得越多错得越多。当实在不知道说什么的时候，不如闭上嘴巴认真倾听；当口若悬河滔滔不绝的时候，也要适时把嘴巴闭上，避免言多必失、祸从口出。

很多人对于沟通都存在一定的误解，把沟通的意思理解得太过狭隘和偏执。他们误以为所谓沟通就是进行语言交流。其实不然。所谓沟通，从本质上而言不是你一言我一语的有声会话，而是为了达到心灵的契合和感情的共鸣采取的一种交流信息的方式。从广义的角度而言，那些不能正常进行有声语言表达的人采取打手势、眼神交流等方式进行互动，也是一种沟通。真正理解了沟通的含义，我们才能对沟通理解得更加深刻，才能发挥沟通的强大作用，为与他人的相处和交往助力。

真正的沟通，第一步不是要说，而是要倾听。只有在倾听的基础上，我们才能真正理解他人的意思，才能进行积极的

思维活动，思考如何更好地回答对方的问题。具体而言，要想先认真倾听他人的话，我们就要认识到以下三点。首先，在提问者提出问题之前，我们要先当好听众，这样提问者才会兴致继续说下去，而我们也可以通过倾听了解和洞察对方的提问动机，知道对方到底想要通过提问达到怎样的目的。其次，在回答问题之前，先不要张口就来，而要认真思考，理性组织语言，这样才能让回答有条理。最后，在回答问题之前，我们还需要消化他人的观点，而不要只顾着按照自己的所思所想去说。接受他人的信息、进行思考的过程，正是我们消化他人观点的过程。在此期间，我们需要先放下自己的主观态度，才能顺利地进入对方的精神世界里。如果我们始终坚持自己的立场和观点，而总是对于对方怀有排除和抵触的心态，则根本不可能认真倾听，更不可能对对方作出积极的回应和合理的回答。

在西方国家有句谚语，意思是说每个人都只需要一两年的时间就能学会说话，但是要想真正掌握沟通的艺术，则需要花费几十年的时间学会闭嘴，才能更好地与他人交流。在练习倾听技巧的过程中，我们哪怕丝毫不赞同对方的观点，甚至话已经到了嘴边要蹦出来反驳对方的观点，也一定要忍住，要控制好自己辩驳的冲动，这样才能给予对方时间和机会把话说完，才能在此过程中加深对对方的了解，让我们的回答有更好的作用和效果。

当然，如果已经养成了急于回答的坏习惯，想要一下子改

变并不那么容易。正如人们常说的，好习惯的养成需要漫长的时间，而坏习惯的戒除则需要更长的时间。这是因为大多数好习惯都是人们自律的结果，而很多的坏习惯都顺应人的天性，让人肆意妄为，为此坏习惯的养成很容易。即便如此，对于每天都要进行的沟通，我们一定要尽量摒弃坏习惯，形成好习惯，这样，我们才能在回话方面表现更好，才能在与人沟通的过程中有更加长足的进步和发展。

有的时候，答案就隐藏在问题中

在人际沟通的过程中，我们难免会遭遇他人的故意刁难。对于那些难以回答的问题，我们往往无言以对，也会因此而陷入尴尬之中，但是这并非我们逃避的借口和理由。还记得矛和盾的故事吗？如果以子之矛攻子之盾会有怎样的效果呢？在交谈的过程中，卖矛和盾的人在听到“以子之矛攻子之盾”之后，马上噤声，无言以对。实际上，在人际交流的过程中，如果我们也能够采取以子之矛攻子之盾的方式，回应他人的刁难，把皮球踢给他人，往往能够让他人拿着自己制造出来的烫手山药，根本不知道应该怎么办才好。

那么，如何做到以子之矛攻子之盾呢？看起来，这似乎很难，毕竟是要夺下别人的武器去攻击别人。其实，只要掌握了

其中的技巧，能够深谙其道，就能够让很多难题迎刃而解。具体而言，以子之矛攻子之盾，就是从他人的话中找到反驳他的理由，或者是从对方的问题中寻找答案。这样一来，就相当于以对方的话来反驳对方，使对方陷入一个搬起石头砸自己脚的困境，如此，他当然无法从容应对，更不可能当即反驳。

有一次，女作家谌容接受美国某大学的邀请，去该大学进行访问和演讲。演讲现场的美国朋友们非常热情，也都很友好，对谌容提出了很多问题。对于这些问题，谌容全都给出了回答，而且非常真诚坦率，为此和美国朋友相谈甚欢。突然，有个人提问："听说您不是共产党员，那么，请问，从私人的角度而言，你对共产党有什么看法呢？"要知道，不管是在当时还是在现在，这个关系到政治的问题都是一个非常敏感的问题，谌容敏感地感觉到问题很难回答，而且，一旦回答不好，就会被别有用心的人拿来做文章。

不过，谌容并不慌张，她说："您说得很对，我的确还不是共产党。不过，我和共产党的感情是不容怀疑的，因为我的丈夫就是一位老党员，而我已经不离不弃地和我的丈夫在一起生活了几十年，至今依然恩爱如初。从这个回答中，您足见我对共产党的感情了吧！"谌容的回答不卑不亢，而且从对方别有用心的提问入手，偷换概念，以自己和丈夫的感情为例，大方坦然地告诉对方自己与一个老党员共同生活、相亲相爱。可以说，这个回答是无懈可击的，即使别有用心的人，也无法拿

这个回答做文章。

在人际交往的场合里，我们不知道自己什么时候就会遇到尴尬的情况，或者是需要回答一个很难回答的问题。在这种情况下，千万不要着急，否则就会自乱阵脚。我们要保持冷静和理智，这样才能调动自己的聪明智慧，从问题中找到回答问题之道，从而顺利地以子之矛攻子之盾，把难题再踢回去让对方解答。

很多人在面对难以回答的问题时往往会陷入一个误区，那就是舍近求远，试图找到回答之道。有的时候，我们不能被问题本身蒙蔽住眼睛，更不能因为问题难以回答就感到惊慌失措，而要认真理智地解读问题、分析问题，这样才能从问题中知道找到回答的契机和关键词，才能结合很多方面的信息尽量圆满地回答问题。当然，面对问题，很多人的第一反应就是寻求回答，这无可厚非，因为解答问题是我们的根本目标。但是，如果寻求解答而不得，则要反其道而行，把关注点集中在问题上，更加聚焦于问题本身，从而从问题中找到答案，这也是一种独辟蹊径的解答办法。只要熟练和灵活使用这个方法，相信我们就可以顺利地解答很多的难题，也可以成功地摆脱尴尬。

第4章

学点回话之道：做好心理建设，不打无准备之战

要想把话回好，就要进行一定的准备，而不要仓皇迎战。所谓有备无患，在作好回话准备的情况下，即使遇到一些突发的情况，我们也可以灵活机智地面对，作出最好的选择和应对，不至于因为紧张而惊慌失措，更不至于因为毫无准备而遭遇惨败。当然，有的时候谈话是随机进行的，我们没有那么多的时间去作准备，这就要求我们要学会灵活机智应对，也要学会在倾听他人的过程中就对他人传达的信息进行整合和深入分析，这样才能推动谈话不断向前发展，使得沟通收获最佳的效果。

有逻辑地回话，让沟通效果更好

在做事情的时候，为了让做事情的效率更高，我们会先根据轻重主次对事情进行合理的排序，从而让事情可以按照排序有序进行，得以完成，进而提高完成各项事情的效率，取得事半功倍的效果。实际上，从逻辑的角度来说，根据轻重主次对事情进行排序，就是一种内在的逻辑顺序。为了保证做事情的效率，我们要有逻辑地安排事情的顺序；同样的道理，为了有逻辑地回话，我们也要保证沟通的效果，这样才能让沟通更加高效。

回话的逻辑如何确定呢？很多人在表达的过程中常常会被人打断，或者被询问“你到底想说什么，想要表达什么意思”，“你可以把想要提问的问题说得更加概括一些吗”。他们之所以在说话的时候得到这样的反馈，就是因为说话的过程中缺乏逻辑性，而且没有把握住重点。虽然有逻辑地回话说起来很简单，但是真正要想做到并且做好，并不是那么简单容易的。因为沟通是一个即时的过程，需要即时作出反应，而要想在短时间内建立逻辑，需要我们开动脑筋及时应对，也需要我们有丰富的沟通技巧和策略。

有逻辑地说话，可以让沟通达到事半功倍的效果；没有逻

辑地说话，导致沟通事倍功半，也无法起到传递信息的作用。为此，我们在回话的时候一定要讲究逻辑性和条理性，这样，才能保证回话的效果，才能够促进沟通。

美国前总统华盛顿在年轻的时候就很聪明机智，而且有着严谨的逻辑推理能力。华盛顿家有一匹骏马，这匹马远近闻名，有很多人都慕名来看它。有一天早晨，华盛顿去给骏马喂草料，来到马厩里，却发现骏马不翼而飞。华盛顿当即断定是邻居偷了骏马，因为邻居早就惦记着这匹骏马了。为此，华盛顿在求证骏马的确就在邻居家的马厩里之后，当即报警，把问题交给警察处理。

警察带着华盛顿一起来到邻居家里，邻居口口声声否定偷骏马的事情，并说自己家的马也非常强壮，是好马。正在警察询问邻居的时候，华盛顿突然用双手蒙住骏马的眼睛，问邻居："既然你说这匹马是你的，那么我问你，这匹马的哪只眼睛视力很差？"邻居才刚刚把骏马偷回家，还没来得及观察骏马呢，为此赶紧敷衍："左眼。"华盛顿笑起来，并没有把手拿开。这个时候，邻居眼珠子咕噜噜一转，赶紧改口说："右眼。"华盛顿得意地哈哈大笑："我告诉你吧，你就是做贼心虚。这匹马的两只眼睛都好着呢，没有任何一只眼睛视力差。"警察在一旁听着华盛顿和邻居的对话，马上就明白了是怎么回事，当即批准华盛顿把马带回家。

在这个事例中，华盛顿之所以能够顺利地把马要回来，就

是因为他灵机一动，采取策略扰乱了邻居的心，让原本就做贼心虚的邻居回答问题的时候只能靠瞎蒙和猜测。警察在看了邻居的表现之后，当然知道邻居根本不是马的主人，也就相信了华盛顿所说的话。

人和人之间交流，在进行语言表达的时候一定要有逻辑性，知道哪些话应该先说、哪些话应该后说，也知道进行逻辑思考，从而让回话更加有针对性，也有更深刻的意义。如果总是东一榔头西一棒子，就算是在说真话，也会给人以含糊其词、敷衍了事的感觉，以致沟通无法顺利进行下去。为此，一定不要因为心急就口不择言，你需要讲究回话的方式和策略，从而使得回话产生更好的作用和效果。

要开门见山，也要委婉曲折

在给他人回话的时候，针对不同的事件、不同的交谈对象、不同的沟通目的，我们要采取不同的回话策略。例如，对方是一个急脾气不喜欢弯弯绕的人，你就要把话说得直截了当；对方是个敏感细腻、思虑周全的人，回话就要谨慎思考，全面衡量，也要把话说得委婉动听一些。有些事情急于处理，就不要总是来回绕圈，而要以最快的速度把事情的结果说给对方；有些事情不着急，有时间迂回曲折，而且，只有讲究策

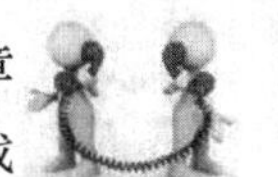

略，说出来才能收到最佳的效果，那么就要有耐心去斡旋，而不要急于求成。

总之，在给人回话的时候，是开门见山，还是委婉曲折，是要根据具体的人和事情进行区分对待的，也要根据现实的情况灵活应对，绝不能在任何情况下都套用同一种模式，否则就会使得沟通遇到很大的障碍，效果也非常差。当然，开门见山有开门见山的好处，委婉曲折则可以进行一定的铺垫，让很多话听起来没有那么突兀。这两种回话方式各有利弊，要综合情况才能决定到底使用哪一种回话策略和方式。

小美是个直性格的女孩，不管说什么话，向来都是开门见山，直奔主题。大学毕业后，小美进入一家公司成为销售员，虽然她很勤奋努力，且干劲十足，但是在销售方面始终没有太大的起色。有一次，小美给一个已经有成交意向的客户打电话确定合作的细节，开门见山地说："张先生，您想购买我们的产品，那么什么时候有时间和我敲定合作的细节呢？"张先生听到小美的话，丈二和尚摸不着头脑，当即心生不悦，说："我还没有想好，想好我会联系你的。"说完，张先生就挂断了小美的电话。后来，小美再打电话，张先生总是挂断电话，不愿意和小美进行沟通。

小美把这个情况反馈给主管，主管在听到小美毫不掩饰的话之后，对小美说："小美，你工作的能力是有的，但是你应该学会回话啊！你看，你本来是邀请客户来敲定合作细节，

却因为说话不拐弯，导致无形中得罪了客户，这可是得不偿失啊！”说完，主管亲自给客户打电话，对客户说：“张先生，很抱歉打扰您。是这样的，最近我们公司的产量有限，您这边又是我们的贵宾客户，我们是很愿意和您建立长期合作关系的。您看看，您什么时候有时间，我会带着产品的报价单和资料去拜访您，以方便您尽快与我们签约。”听了主管的话，张先生说：“好的，我周三下午两点到四点有时间，不要迟到。”主管马上说：“好的，一定准时到，谢谢您的信任！”周三下午，主管带着相关资料去拜访张先生，和张先生确定了合作的诸多事宜，接下来就只等着签约了。

在这个事例中，小美虽然前期把工作做得不错，但是，在促使张先生签约的时候，她没有做好铺垫工作，因而给了张先生一种十分突兀的感觉，引起了张先生的反感。在人际交往的过程中，同样的话换作不同的人说，或者由同一个人以不同的方式说出来，都会产生截然不同的效果。通常情况下，回话的时候有好消息可以开门见山，直奔主题，尽量把快乐早一些带给他人分享；而如果是糟糕的消息，则可以进行一定的铺垫，从而给对方心理准备的时间，让对方更容易接受。

此外，给熟悉的人回话时，因为彼此很了解，为此无须遮遮掩掩；而如果是给陌生人回话，或者是给不太熟悉的交谈对象回话，则可以进行一定的铺垫，从而使得语言显得不那么突兀，也更容易让交谈对象接受。既然是铺垫，就要尽量减少使

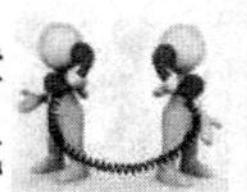

用转折词语，否则就会给人留下生硬的印象，使得交谈无法顺利进行。举个简单的例子，看到孩子学习成绩好，妈妈原本是想表扬孩子，说："很棒啊，成绩提高了。不过，一定不要骄傲，要再接再厉，争取更上层楼。"有些妈妈大概以为借助表扬孩子的机会对孩子提出期望是个好方法，而实际上这会让孩子从表扬中得到的喜悦大打折扣。明智的父母表扬孩子就是表扬孩子，如果对孩子有什么意见或者建议，或者想对孩子提出要求，就会另外选择时间。一个小小的转折词也许不起眼，但是在回话的过程中会大大抵消前面所说的一些认可、赞赏和激励的话所产生的效果，还会使人怀疑前面的话都是为了客套而故意说的，这将直接导致得不偿失的结果。

会说话与说好话截然不同，会回话与把话回好，也是不相干的两件事情。要想成为社交达人，要想在与人进行语言沟通的过程中让语言产生积极有效的作用，我们就一定要掌握回话的艺术和技巧，让回话变得更加高效。

要直言相告，也要迂回婉转

沟通和交流的目的，就是传递信息，从而达到共识，或者心意相通。然而，在现实生活中，有很多人在沟通的时候都会陷入误区，例如，面对上司的时候不敢说出真话，面对下属的

时候又总是会颐指气使。这样的虚伪矫饰，常常让人们在沟通过程中产生各种误解，也使得沟通的作用和效果大打折扣。

当然，这里不是说一定要直言相告，也不是说必须迂回婉转，而是告诉大家要根据沟通的实际情况酌情采取合适的策略去回话，既要尊重事实，也要考虑到对方的感受，从而面面俱到，让沟通事半功倍。

作为才来公司没多久的新员工，虽然思思此前在其他公司有一些工作经验，但是，因为不了解新公司的工作环境和流程制度，所以在工作的时候未免有些束手束脚，有了什么想法也不敢直接和上司说。

这一天，上司交代了一个任务给思思，问思思能否在三天内完成。其实，这个任务很艰巨而且非常琐碎，三天完成是有很大难度的，正常的工作周期应该是一周，也就是五个工作日。然而，在上司那里接受工作安排的时候，面对上司询问“有没有问题”，思思不假思索地回答“没问题”，于是上司就放心地把工作交给了思思。结果，思思在三天的时间里每天通宵达旦地加班，也没有完成工作任务，最终被上司狠狠地批评了一通。思思觉得很委屈：“本来三天就不够！”老同事听到思思抱怨，说：“时间的确紧张了一些，不过当时你怎么不和上司说呢！上司虽然是领导，但是已经很久没有从事具体的工作，所以，对于完成工作具体需要多久的时间，他是不清楚的。在他征求你的意见时，你一定要实话实说，否则，允

诺在多久之内能完成，就要做到。”听了老员工的话，思思无言以对，她明白，自己的确因为怯懦而错过了和上司沟通的好机会。

人在职场，这样的事情经常发生，尤其是上下级之间，下属如果很担心一句话说得不对就会惹上司，则难免会感到非常紧张焦虑，也会因此而错失和上司坦率沟通的机会。为此，在给上司回话的时候，下属一定要端正态度，把真实的想法告诉上司，如果对于具体的工作有什么建议或者意见，也要和上司及时沟通。否则，正如事例中的老员工说的，对于允诺的事情一定要做到。在这种情况下，是需要直截了当、坦诚相见的，不能总是遮遮掩掩，试图掩饰什么。

当然，并非所有的情况都适合直接表达，在有些特殊的情况下，还是需要委婉地表达，才能让沟通的效果更好。例如，你想要求助于他人，又拿不定主意，生怕自己被拒绝，为此对他人说：“我最近遇到一些困难，急需资金周转，你呢，手头上宽裕吗？”这样一来，就避免了直接询问对方“你可以借钱给我吗”，不至于令双方太尴尬，也给了对方拒绝的台阶。对方如果想帮助你，就可以说：“我有点儿钱，先借给你用吧！”对方如果想要拒绝你，只需要就坡下驴：“我最近才刚买了房子，也不宽裕，要不我帮你想想办法吧！”你如果识趣，就该告诉对方：“没关系，我自己再想想办法，实在不行再来找你。”这样的沟通非常婉转，让双方都避免了尴尬，既

可以让沟通顺利进行下去，也可以维护彼此之间的关系。

通常情况下，回话内容能让大家都皆大欢喜的时候，可以不加遮掩，直截了当地说出来。反之，如果回话内容会让对方尴尬，则一定要婉转。此外，在私密的场合里，关系要好的人之间可以有一说一；而在公开的场合里，即使你与对方关系很好，在给对方回话的时候也要注婉转，一则是为了给对方留面子，二则是为了保护对方的隐私。总而言之，在不同的时间场合，面对不同的回话对象，我们所采取的回话策略和方式都应该是不同的。尤其是当了解回话对象的脾气秉性时，还应该根据对方的性格特点选择最适宜的回话方式，这样才能事半功倍，让回话起到最佳的作用。

如何说好好消息和坏消息

很多人都不擅长回话，在给别人回话的时候，却还要自以为聪明和幽默地告诉对方："有一个好消息和一个坏消息，你想先听哪一个消息？"不得不说，这真的是一个丝毫也不好笑的玩笑。因为，被回话者在听到这句话的时候，心中一定会喜忧参半，也有一些被回话者心理承受能力差，马上就会开始胡思乱想，导致内心紧张焦虑。

许多回话者虽然说出了诸如"好消息和坏消息"的选项，

却往往不等被回话者作出选择就优先说出好消息。这是因为人人都有报喜不报忧的倾向，也都希望通过诉说好消息给他人带来愉快的感受。那么，坏消息呢？哪怕可以暂时拖延，最终也还是要说出来的，所以，如何说出坏消息就成为一种考验。

有研究机构专门针对好消息和坏消息进行研究，结果发现：被回话者往往想要先听到坏消息，再听到好消息，大概是想先苦后甜。而回话者则往往情不自禁地先说出好消息，以期和被回话者一起感受喜悦，然后再说出坏消息，在好消息的铺垫下，很多坏消息的杀伤力也就没有那么强了。心理学家经过研究证实，关于好消息和坏消息，当这些消息出现的顺序不同时，它们带给人的心理感受也就是截然不同的。为此，在回话的时候，确定好消息和坏消息的顺序，很重要。

从心理学的角度而言，如果坏消息很糟糕，那么就先说好消息，这样一来，对方在听到好消息之后心情很好，对于坏消息的接受和承受能力都会增强。但是，这么做的结果是会削弱好消息给人带来的喜悦。反之，如果坏消息并不那么糟糕，则可以先说坏消息，在对方接受坏消息之后，再和对方说好消息，则双方就可以长久地沉浸在好消息带来的喜悦中，更长久地感受愉悦的情绪。总而言之，必须结合各种情况，才能最理性地给好消息和坏消息排列顺序，才能让回话效果最好。

妈妈觉得膝盖疼，艾米带着妈妈一起去医院检查，还特意挂了个专家号。专家看到妈妈的体重很重，为此对妈妈说：

“作死吧，你这么重的体重，膝盖肯定废掉了。”妈妈大惊失色，赶紧问：“医生，那怎么办呢？”医生说：“实在不行只能换膝盖喽！不过你要是继续这么肥胖下去，到不了换膝盖的时候，人就已经不在了。”艾米听到医生的话简直忍无可忍，当即对医生喊道：“你这是什么狗屁医生，有你这么和病人说话的吗？病没什么大碍，吓也被你吓死了。”医生被艾米一通数落，还不知道怎么回事呢，说：“我是实话实说的啊！”

后来，艾米和医生大吵一架，换了个医生看病。新医生进行检查之后，给妈妈开了单子，让妈妈先去做X光。妈妈问新医生：“医生，问题严重吗？”新医生安抚妈妈：“还不太清楚具体的情况，最糟糕的结果就是半月板损伤。你先去检查，我看到检查结果再和你详细说。”艾米赶紧带着妈妈去检查，等拿到检查结果之后又回到新医生那里。新医生对妈妈说：“不要紧，就是膝关节老化了。不过，您的体重超标，会加重膝关节的受力。我建议您可以适当控制体重，减少爬楼梯，做一些不磨损膝盖的运动。”妈妈听到新医生的话，悬着的心终于放下了。

在这个事例中，第一个专家医生不管医术是否真的高超，以这样的态度和病患说话，本身就是缺乏医生道德素养的表现。第二个医生则很谨慎，在没有看到X光的结果之前，他哪怕有不好的推断，也没有明确对病患说出来，而是安抚病患的情绪，让病患先进行相关的检查。等到看到检查结果之后，他再给出合理的治疗方案和建议，这对于病患而言当然是一种心

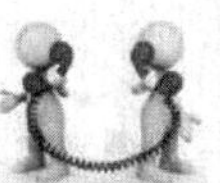

理安慰，而他自身也能与病患形成良好的关系。

对于医生而言，治病救人是天职，如何和病患沟通病情，则是艺术和技巧。如果我们是患者，当然愿意选择接受后一个医生的诊治，而不希望自己的病还没确诊，就先被医生吓个半死。所谓医者仁心，就是说医生要能够设身处地为病患着想，从而决定先告诉病患什么，再告诉病患什么，让病患有一个接受病情的过程。

当然，所谓的好消息和坏消息是可以相互转化的，对于这个人而言是好消息，对于另一个人而言也许就是坏消息；前一刻还是坏消息，下一刻也许就能转化为好消息。有的时候，在决定先说好消息还是坏消息的时候，我们还要对消息进行衡量。如果好消息能够抵消坏消息的不良影响，那么就先说好消息。如果好消息不能抵消坏消息的影响，那么就先说坏消息，因为，无论好消息先说还是后说，坏消息都会使人感到很郁闷、失望。总之，要根据具体情况决定先说好消息还是坏消息，这样才能让回话起到更好的作用。

结果重要，还是过程重要

结果重要还是过程重要，每个人的观点都是不同的。有的人觉得结果最重要，过程无所谓，怀有这种想法的人在做人做事情的过程中总是目标明确，而且为了实现目标不择手段。而有的人觉得过程最重要，结果则只是过程的副产物，所以，他们往往更加注重过程中的各种细节，以及自己在过程中的情绪、感受和体验。不管是重视过程还是结果，都没有关系，只要能够牢记初心，并实现自己的目标，就是最好的。

在学习写作文的过程中，孩子们会学习正叙和倒叙的方法。正叙的方法就是按照事情发生的先后顺序平铺直叙，把事情还原在人们的面前。倒叙的方法则恰恰相反，是先说事情的结果，勾起人们阅读的兴趣，再来叙述事情的始末。这样一来，让情节变得曲折，也让叙述更加富有吸引力。不得不说，正叙和倒叙各有优势。具体采取哪种方式去叙述，取决于想要实现怎样的效果。

对于结果和过程，也是同样的道理。不过，在给他人回话的时候，为了避免他人因倾听烦琐的过程讲述而紧张焦虑，我们要采取倒叙的方式，先把结果告诉他人。这样，他人在知道结果之后，哪怕过程听得惊心动魄，也不会过分担忧。这样一来，就极大地安抚了被回话者的情绪，使得他们可以心平气和地继续听我们的回话。

有一天，琪琪妈妈正在做饭，因为住的是四合院，所以厨房就在院子里，邻居们的关系也都非常亲密。正在她专心做饭的时候，邻居突然跑过来对她说：“琪琪妈妈，琪琪正在外面玩的时候，有一辆小汽车飞快地开了过来……”邻居的话还没

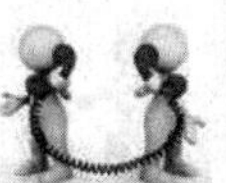

有说完，妈妈手里的锅铲就掉在地上，妈妈两腿瘫软，险些瘫坐在地上，一句话都说不出来，眼泪簌簌而下，脸色煞白。

看到妈妈这个样子，邻居很担心，赶紧说："没事没事，琪琪没事。小汽车开得很快，幸好被隔离带挡住减速，琪琪才能安全跑开。前段时间大家还都嫌弃隔离带碍事呢，看来安装隔离带还是很有必要的。"邻居不知道，他后面说了什么，妈妈全没听到。听说琪琪没事，妈妈赶紧跑出去把琪琪到回家，把琪琪抱在怀里，就像失而复得一样。

在这个事例中，邻居说话的方式就是我们日常里所说的"大喘气"，他把危险的情况说在前面，使听话者误以为发生了非常糟糕的事情，而过了好久才说出结果是没事，一切都很好，让听话者不由得长吁一口气，而此前的惊吓却在心中盘桓良久。在给人回话的时候，一定要先说结果。如果结果好，就可以让听话者放心；如果结果不好，也可以让听话者及时处理，而不至于因为倾听赘述耽误了作出应对的时间。

越是重要的事情，越是要先把结果说得明确。例如，销售员在和客户沟通的时候，要先说为客户争取到的利益，再说自己在为客户争取利益的过程中付出的辛苦。如果用很多的时间说自己的辛苦，则会让客户觉得销售员是在邀功，会给客户留下很糟糕的印象。客户说不定会因为心急，根本没有耐心听到结果就挂断电话。其实，只要先把好的结果告诉客户，让客户感到高兴，并对你十分认可，还担心客户没有耐心倾听你的辛

苦付出吗？

越是紧迫的事情，越是要先说结果，很多时候，解决问题的机会往往转瞬即逝，必须抓紧时间才能抓住这个好时机。如果因为赘述而错失解决问题的好时机，相信被回话者一定会抱怨你是个话痨，也会对你留下不好的印象。

越是结果糟糕的事情，越是要先说结果。这样，在接下来的沟通中，听话者才能和你一起了解过程，寻求解决问题的办法。如果先赘述过程，而听话者不知道问题出在哪里，也不知道结果好坏，就会导致前面的叙述成为无用功，听话者在听说结果之后，还要找出重点问题进行再三询问和确定。

如果一件事情的结果很好，皆大欢喜，那么可以先说过程。在讲述过程的时候，可以设置一些悬念，引人入胜，也可以先卖个关子，让人感到惊奇。当你勾引起对方听你讲述的兴趣后，你自然就可以滔滔不绝继续说下去，而在最后的时刻向对方揭示好结果，和对方一起分享喜悦，如此一来，对方一定会感到就像听了一个引人入胜的故事，大呼过瘾。当然，对于结果很好的故事，也可以先把结果说在前面，再来讲述具体详尽的过程，这也是可以的。

总之，结果很重要，是很多人都特别关心的。为此，我们要把结果说在前面，这样才能让对方迫不及待地想要了解结果的欲望得到满足。尤其是在关键时刻，最好不要卖关子，如果总是故意拖延、不及时说出结果，说不定还会导致对方因为过

于急躁而恼羞成怒呢！只有把握好说出结果的时间点和节奏，才能让回话更加顺利，让回话打动人心。

有些事需要放大，有些事需要缩小

日常生活中，有些人不会办事情，把很小的事情无限放大，导致很多事情的结果变得糟糕且不可预期，也使得事情的发展失去控制。有些人则恰恰相反，他们特别会办事，知道该把事情放大的时候要放大，该把事情缩小的时候要缩小，由此一来，他们总是可以顺利地处理好很多的事情，做人也很成功。那么，到底什么样的事应该缩小，什么样的事应该放大呢？

别人和我们之间的矛盾，要缩小，这样就可以大事化小，小事化了，从而消除矛盾和隔阂，让双方化敌为友，建立良好的关系，和谐融洽地相处。反之，别人对我们的好处，帮助我们的恩情，我们要放大，这样我们才会对他人心怀感恩，才会更加希望与他人建立良好的关系，从而促使人际关系良性发展。

爸爸妈妈跟着女儿、女婿一起生活。每当女儿女婿有矛盾的时候，爸爸妈妈总是会当和事佬，尤其是妈妈，最擅长化解矛盾。

有一天，女儿不知道因为什么事情和女婿发生争吵，妈妈听到动静，赶紧充当救火员，不由分说对着女儿劈头盖脸一通数落："你这个孩子怎么回事，吵架都怪你，总是欺负大松。你就是脾气坏，动辄大喊大叫，有什么事情不能好好说呢！"果然，在妈妈对着女儿一番抢白之后，原本怒气冲天的女婿火气消了，不再揪着之前的问题不放。这个时候，妈妈又语重心长地对女婿说："大松啊，菁菁脾气不好，你要多包容她。毕竟，她除了脾气不好，还是很顾家，是踏踏实实和你过日子的。你看看，她连钱都舍不得花，从来不像其他女孩那样买昂贵的化妆品、衣服、包包等，对不对？"女婿连连点头，对丈母娘的话非常认可。就这样，会做事的丈母娘一出马，很快就小事化了了。

不过，丈母娘并非总是小事化了，在必要的时候，丈母娘还是很会夸大其词的。例如，每当女婿表现好的时候，丈母娘就恨不得满世界去说，让大家都知道女婿的好。前段时间，女婿出差，给丈母娘带了一件羊绒大衣。丈母娘每天都喜滋滋地穿着这件大衣，逢人就说这件大衣是女婿给买的。就这样，在丈母娘的大肆夸赞下，女婿的表现越来越好。

不得不说，事例中的丈母娘是非常有智慧的。当女儿和女婿吵架的时候，丈母娘会先批评自己的孩子，等到女婿消气了，再对女婿苦口婆心。在女婿表现出优点和好处的时候，丈母娘会无限放大这些优点和好处，让女婿受到奖励，从而

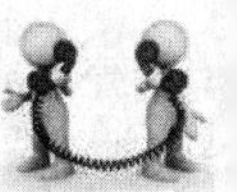

激发女婿更加努力表现。这样一来，整个家庭都会进入良性循环之中，变得更加和谐，更加友爱，亲人之间相处自然也会融洽。

当然，每个人都会与形形色色的人相处，而不限于家人、朋友等。我们不管是和熟悉的人相处，还是和陌生人相处，都要讲究方式和技巧，尤其是在给他人回话的时候，更是要坚持正确的原则，采取适宜的策略，这样才能让回话更加打动人心，收到良好的沟通效果。

牙齿还有咬到舌头的时候呢，更何况是不同的人相处呢，更是会有各种各样的矛盾争执，也会有意见和分歧。在这种情况下，切勿因为一时的怒气而导致人际关系恶劣，而要选择适宜的方式给他人回话，这样才有助于与他人保持融洽沟通，建立和谐关系。

那么，具体而言，如何才能做到小事化小呢？首先，要敞开心扉说出真实的内心感受和想法，这样才能进行积极的自我反省，才能赢得他人的宽容和谅解。若双方各执一词，谁也不愿意主动让步，只会导致矛盾更加激化。其次，要进行理性的思考，想清楚利害关系，权衡利弊，这样才能保证自己有正确的态度，才能引导对方有正确的态度。最后，不要以为要消除矛盾就必须采取和稀泥的方式，实际上，和稀泥这种方式很容易让人与人之间的相处失去平衡的状态。当双方争执非常严重的时候，最该做的就是打开天窗说亮话，把各自的真实想法都摆出来说，这样才能公正对待。所谓的公正，绝不是绝对的公平，而是要秉持正义，坚持原则，作出让双方都很信服的裁决。这样，才能起到调节矛盾、化解矛盾的作用。

第5章

规避无效回答：学会营造优势，掌握话语主动权

回话时，我们很有必要采取一定的回话策略，从而有效避免无效回答，让回答有更好的作用和效果。当然，还要营造回话的优势，掌握话语的主动权，尤其是在重要的谈话时刻，更不能因为心急而导致谈话陷入困境。只有保持理智和冷静的心态，坚持逻辑思维，才能让回话更有效果，才能积极主动地促进沟通和交流。

多多对比，才能让优劣势一目了然

在回话的时候，一味地阐述并不能收到良好的效果，有的时候，说得太多，还会让人产生怀疑，觉得我们是在故意地夸大其词；当然，说得太少也不行，如果不能做到简明扼要，就会涉嫌冷漠待人。最明智的选择是，利用一定的技巧和方式进行对比，从而让对方看到我们希望他们看到的一切，这样一来，对方只要进行利弊的权衡，就会得到最重要的信息，从而作出更加正确的判断和抉择。

在诸多的对比中，正向对比或者同类对比并不能达到最好的效果，却有助于人们在相似的选项中作出权衡。当进行正反对比的时候，效果会非常强烈且明显，所谓对比之下高下立判，就是这样道理。适当运用对比，会比单纯地表述有更好的效果。

在对比之中，事物的本质被揭露出来，事物的特征变得更加明显，如果我们再恰到好处地提出论点，那么，在正确观点的反衬之下，错误的观点会更加显而易见。为此，为了让事物变得更加鲜明，为了让很多道理变得更加明确，也为了让交谈对象有确定的观点，我们可以使用对比法阐述各种利害关系，也可以使用对比法则阐述道理，从而给出更高效率的回话，也

能让沟通的效果更好。

作为一名销售员，艾米的销售业绩总是不够出色，实际上艾米非常勤奋和努力，但她总是出于各种原因无法促成客户交易。眼看着艾米就要被末位淘汰，作为艾米的上司，张主管也很着急。为此，张主管对艾米进行了观察。

周六，店里才刚刚开门，一个客户走进店里，问艾米："你们这款微波炉怎么卖的？"艾米说："我们店里有一款新款微波炉，7999元。"客户一听显然吓了一跳："一个微波炉就要7999吗？这是金子做的吗？"艾米说："我们的微波炉好啊，可以微波、蒸、烧烤，是三合一款式的。"客户说："那也太贵了。"艾米说："真的不贵啊，我们的核心硬件都是进口的。"客户摇摇头，准备离开，这个时候，张主管马上走上前去，说："请问，您家的厨房大吗？"客户说："不大，也就七八平方米。"张主管说："如果您不需要蒸箱和烤箱，只需要微波炉，只需要几百块钱就可以买到普通微波炉，一千多就能买很不错的款式。不过，如果您也需要蒸烤箱，而且正在装修，厨房也不大，我建议您购买这个微蒸烤一体机。这个机器是一机三用，可以极大地节省厨房的空间。"听到张主管的话，客户停下离开的脚步，问："这个微蒸烤的功能怎样？独立的功能都还可以吗？"张主管说："当然。这款微波炉功能和价格3000元左右的普通微波炉差不多，蒸箱和烤箱功能，也不逊色于独立的蒸烤箱。我是非常建议您购买的，如果您正在

装修，还可以做成内嵌式的，一步到位，非常好。”客户表现出怦然心动的样子，说：“如果独立的功能都可以使用，那还真不错。”就这样，张主管成功地挽留了客户，接着，他又对客户说：“其实，您如果需要微波炉、蒸箱和烤箱，单独购买的话，这三大件加起来至少要一万多。我们这个呢，虽然也要小八千块钱，不过最近购买还有礼品赠送，是非常划算的。可以送您一个小厨宝，而且最主要的就是能节省厨房空间，还可以多功能使用。”客户说：“听你说得这么好，我真的很想购买。你可以帮我申请个折扣吗？”张主管说：“本来是没有折扣的，不过您是我们今天开门迎接的第一个客户，我就私自做主给您九五折，礼品还是送您的。”客户感到很高兴，当即刷卡购买。

客户离开后，艾米敬佩地说：“主管，您可太厉害了。我看客户进门的样子，觉得他连一千块钱的微波炉都不愿意买。您说着说着，居然让他购买了7000多块钱的新品。您是怎么做到的呢？”主管说：“艾米，我一直都在观察你，发现你很不会给客户回话。客户买东西，当然是价格越便宜越好，产品质量越高越好。你要抓住客户的心态，给予客户最好的回话，客户来了就是想买东西的，当然会动心。你看吧，我用对比的方式告诉客户，我们的产品虽然贵，但是一机三用，算下来还是比单独购买三大件便宜的。最重要的是，房子多贵啊，我们的产品是可以节省空间的。这样一来，客户当然愿意选择我们的

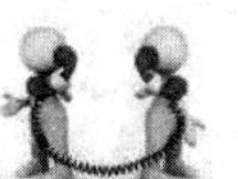

产品啦！要用好对比，才能凸显我们产品的优势，让客户觉得购买我们的产品是物有所值，根本不贵。”艾米连连点头，由衷地对主管竖起了大拇指。

在这个事例中，主管之所以能够成功打动客户的心，就是因为采用了对比的回话方法，为此让客户对于产品的高价有了新的认识。很多时候，我们一味地阐述道理，或者不厌其烦地说明产品很好，都不能让客户心动。与其说了很多话却没有效果，不如采取对比的方式，引导客户更加理性地分析和权衡利弊。当然，为了让对比的效果更好，我们最好不要拿陌生事物让客户对比，而应将产品与客户熟悉的事物进行对比，这样才能让客户有更加深刻的了解和认知，从而有助于成功地说服客户。

此外，在对比的时候，要找到合适的对比点，在对比之后，还要针对对比的内容进行分析和议论，这样才能强化对比的效果。尤其是在反差强烈的情况下，更是要在对比之后讲清楚其中的利害关系，从而让对比起到更好的作用。

列举数字，让说服更有力量

要想给他人准确的回话，只靠语言，有的时候会显得很无力，如果单凭语言不能成功地说服他人，我们就要采取列举数

字的方式，这样才能让表达显得更加精确。偏偏有很多人说话时总喜欢含糊其词，或者是为了故意逃避事实真相，或者本来就是这样的说话风格，不管出于何种原因，都会使得沟通不顺畅，事倍功半。

在现实生活中，每个人都需要与身边的人进行沟通和交流。要想达到很好的表达效果，在必要的时候，可以采取列举数字的方式进行说明。其实，早在初高中学习写作议论文时，我们对于列数字的论证方法便已有所涉猎。在日常沟通和交流中，要想说服他人接受我们的观点，或者向他人证明我们的观点的确是正确的，也可以采取列数字的方式。

小马辞掉了之前的工作后四处找工作。因为还是找同行业的工作，所以，每次在面试的时候，小马都会被问及此前的工作表现。一开始，小马总是含糊其词，说自己在工作上表现非常好，得到了上级领导的器重，也为公司作出了贡献。但是，显而易见，面试官对于小马这样的回答并不满意，这直接导致小马几次面试都以失败而告终，没有如愿获得想要的工作。

有一次，小马去一家公司面试。在面试过程中，小马又被问到同样的问题，他还是和之前一样回答。面试官毫不客气地对小马说："你的回答没有任何实质性的内容，无法让我们了解你真实的水平。你有更有力的证据来证明你的能力吗？例如，你在前一家公司有什么成就，做出了多少业绩。我们希望看到确凿的数据，这是最有说服力的。"小马受到启发，这次

面试之后马上对于自己此前的工作成果进行了总结，而且列举出了很多数据。虽然这些数据有的好看，有的不好看，却是小马真实能力和水平的展现。

后来，小马把这些数据加入到自己的资料中，在面试的时候，也努力做到以真实的数据说话。才面试了几次，他就找到了新工作。小马暗暗下定决心：在新公司里一定要好好做，认真干，让自己未来在公司里以真实的表现作为资本，或者在跳槽的时候也可以有好看的数据拿出来给面试官看。

语言有很大的弹性，对于同一件事情，如果采取不同的表达方式，就会有不同的表达作用和效果。在很多情况下，语言的弹性能够帮助我们摆脱尴尬，但是，有些情况下，一味地以弹性的语言来进行阐述和表达，并不能真正说明和解决问题。例如，在科学领域，就必须做到严谨严密，分毫不差，这样才能得到正确的结果。为此，在面试的时候，根据我们所从事的不同工作和职业性质，我们除了要进行自我介绍、阐述此前的工作经验之外，如果可以，我们应主动拿出最具有说服力的数字为自己代言，这才是货真价实的，也是最具有信服力的。

当然，在采取列举数字的说服方式时，不要随意捏造数字。很多人为了面子上好看，会不负责任地编造一些拿得出手的数据。殊不知，面试官是经验丰富的，在交谈的过程中，他们会加深对我们的了解，也会根据我们的实际表现针对数据进行核对。如果被发现数据造假，我们会彻底失去这份工作。金

无足赤，人无完人，一个人不可能面面俱到、各方面都表现得非常出色，与其都用捏造的数据来给自己的脸上贴金，不如坦诚相待，以真实的数据为自己代言，也表一表决心，让面试官知道我们未来会有更加出色的表现。这样的真实，反而会让我们得到更多的机会，也得到面试官的认可和赏识。

说出弊端，也许比阐述利益更有效

大多数情况下，想要说服别人并非一件简单容易的事情，这是因为每个人都有自己的主见和观点，也不愿意轻易改变。偏偏在现实生活中，我们常常会与他人产生分歧，也常常会想要说服他人接受我们的各种观点，这样一来，说服别人就势在必行。要想让说服更加顺利，起到良好的作用，我们就要多多花一些心思。

从沟通的角度而言，说服他人有很多的技巧可以使用，如动之以情，晓之以理，还可以采取权威者的说法来打动对方，或者允诺对方一定会得到怎样的利益，也可以给对方戴高帽，满足对方的虚荣心。通常情况下，这些方法也许会收到很好的效果，但是，对于某些特别理性的说服对象而言，只凭着这些技巧往往很难让他们心动。在这种情况下，我们不妨反其道而行，采取说出弊端的方式，让对方认识到“不怎么做就会导致

怎样糟糕的后果”。也许对方不会为利益所动，但他更不会希望看到糟糕的结果出现，如此，对方就会怦然心动，也会采纳你的建议，做出对大家都有利的事情。

学校里配备了电脑机房。作为整个村小里学历最高的老师，小张在校长的安排下承担起教电脑课和负责管理机房的重任。配备机房的时候是冬天，所以电脑一切运转良好。然而，半年过去，已经到了炎热的夏天，小张几次三番劝说校长购买一个柜机空调安装在机房里，并且告诉校长适宜的温度有助于电脑散热。但是校长始终不为所动，而且说一个柜机空调价值不菲，学校里根本没有这么多的经费。小张无奈，每次给孩子们上电脑课的时候，总是会出现电脑因为温度过高而死机的情况。

有一次，中心校组织参观活动，校长带着小张一起去参观中心校的电脑机房。一走到电脑机房的门口，小张就感受到扑面而来的凉气。他灵机一动，询问负责介绍机房的周老师：“周老师，电脑机房里怎么这么凉快呢？”周老师回答：“温度适宜，电脑才运转得快，因为电脑需要散热。”小张假装不懂，故意大声询问：“如果电脑散热不好，会有什么后果吗？”周老师说：“小张，你应该知道啊，散热不好，电脑会死机，时间久了，电脑遭到损坏，那可得不偿失。这个机房里有四十几台电脑，价值十几万呢！坏了，谁能负得起责任啊！”小张大惊小怪地说：“我还真是不知道，原来，我们的

电脑最近总是死机，是因为温度过高啊！可千万别坏了，坏两台就够买个柜机空调了！”校长在一旁把小张和周老师的对话都听到耳朵里了。回到学校的下午，校长就让小张选购一台大三匹的柜机空调，小张暗自得意。

在这个事例中，小张虽然告诉了校长保持电脑机房里适宜温度的好处，但是校长不为所动，总是以经费不足为由拒绝了小张一次又一次的建议。借着去中心校的电脑机房参观的机会，小张故意询问周老师电脑过热的严重后果，果然，校长在听到后果那么严重之后，立即批准小张购买一台柜机空调。小张以这样不动声色的方式说服了校长，不可谓不聪明。

人都是主观的，每个人都会在不知不觉的情况下从自身的主观角度出发考虑问题，为此，要想说服他人其实很难，必须让他人真正地改变固有的想法，他人才会对我们的建议从谏如流。采取说出弊端的方式，可以让他人更加深刻地认识到如果不怎么做就会导致怎样的糟糕后果，为了避免这种后果真的发生，他人只能更加深入地分析和慎重地思考，从而让自己尽量作出明智的判断和选择。当然，在说出弊端的时候，一定要本着真诚友善的原则，而不要为了说服他人就故意对于糟糕的后果夸大其词，否则，一旦被他人识破，就会导致他人对我们彻底失去信任。人与人不管是相处还是交流，都要建立在真诚坦率的基础上，这是最根本的原则。

作比喻，让回话更形象生动

每个人的理解能力是不同的，这一则取决于知识水平，二则取决于人生经验，三则取决于沟通的水平。为此，很多优秀的文学大师在创作作品的过程中，都很擅长使用比喻的修辞手法，从而让自己的作品能够更加形象生动，雅俗共识，得到更多读者的认可和欣赏。有些作者的作品让人读来感觉到艰难晦涩，这样的话，其读者不多，作品也就不能广泛流传。善用比喻，是作为文字工作者最基本的素养，也是能够熟练驾驭文字的表现。

不但书面文字可以通过比喻的方式变得生动，就算是口头语言，也同样可以采取作比喻的方式，让回话变得更加形象生动，也让听话的人从我们的语言中获得愉悦的感受和生动的趣味。这样一来，交谈自然可以顺畅地进行下去，回话也会事半功倍。

一个人如果总是在说话的时候平铺直叙，不讲究方式和技巧，则只会导致听的人感到厌烦，而说的人也会因为听者的索然无味失去继续说下去的兴致。而如果能在说话时善用比喻，则可以改变这一切。一个比喻，可以让原本平淡无奇的话瞬间增色不少；一个比喻，也可以让毫无兴致的听众马上恢复兴趣，变得积极主动，从而促使交谈在双方的努力下继续下去。

有个盲人从来没有见过大象，很想知道大象长什么样子，

为此，就去问甲。甲告诉盲人："大象就是大象的样子啊，没有什么其他的样子。"但是，盲人根本不知道大象的样子，他还是很好奇。

有一天，盲人遇到了乙，问乙："你知道大象是什么样子吗？"乙说："你不知道大象的样子吗？"盲人说："我看不见。"乙说："那你可以摸一摸大象啊。"为此，盲人去到动物园，想要摸一摸大象，可饲养员坚决不同意，告诉盲人："大象实在太大了，你不能靠近，否则会有危险的。"就这样，盲人依然不知道大象到底是什么样子，感到非常郁闷。

后来，盲人认识了丙。盲人对丙说："你可以告诉我大象的样子吗？"丙回答："你看不见，又不能把庞大的大象摸个遍。这样吧，你等着，我马上回来。"说着，丙去买了一个大象的模型回来。丙告诉盲人："你先摸摸这个大象的模型，知道大象大概的样子，我再把大象到底有多大描述给你听，好不好？"盲人把模型仔仔细细地摸了好几遍，说："我知道大象大概的样子了。"丙这才告诉盲人："大象的模型特别小，真正的大象非常大，有一层房子那么高。大象的腿是圆柱形的，就像你在高大的建筑物里抱住的圆柱那样非常粗壮。大象的鼻子特别长，有三四米长，当然，更大的大象鼻子就更长。大象的鼻子很神奇，可以吸收很多的水喷洒在自己的身上给自己洗澡，还可以卷起很粗的树干，当搬运工。至于大象的耳朵，你从模型上摸到的很小，实际上相当于十几个蒲扇那么大，一扇

动就会有风。”听到丙的描述，再结合刚才摸索的模型，盲人欣喜地喊道：“我知道大象是什么样子了，谢谢你！”

对于盲人而言，因为他从没有看过大象，所以难想象出大象的样子。幸好丙非常聪明，先是让盲人摸索模型，而后又采取作比喻的方式告诉盲人大象身上每个部位不同的形状和大小，这样一来，盲人就可以大概知道大象的样子，对于大象也有了初步的印象。

对于理解能力欠缺的人，以熟悉的事物给他们作比喻，会帮助他们了解和熟悉陌生的事物。这样的回话方式很容易勾引起他人倾听的欲望，也能够最大限度满足他人的好奇和想要了解某些事情的欲望。作比喻固然是一种很好的表达方式，但是不要泛滥一定要把握恰当的原则。凡事皆有度，过度犹不及，一旦泛滥成灾，就会导致比喻失去原有的效果。只有适度且恰当，才能让语言更加灵活，才能达到事半功倍的表达效果。比喻还要避免牵强，如比喻雪花就像盐一样，就不如把雪花比作柳絮，因为盐只是与雪花的颜色和形状相似，而柳絮则与雪花从天上纷飞而下更加相像，也使得比喻的效果更好。只有在本体和喻体有很大相似性的情况下，才能增强比喻的效果，让听话的人有更加生动形象的认识和理解。

打比方，让表达深入浅出、浅显易懂

回话的时候，如果所说的内容非常深奥，或者听话者的知识水平和理解能力有限，则都可以采取打比方的方式，让表达深入浅出，达到浅显易懂的效果，也避免对牛弹琴的尴尬。打比方不但是书面文字的一种表达方式，运用在口语中，也会收到非常好的表达效果，可以让原本深奥的内容变得浅显易懂，也能让人更加理解我们的意思。这样一来，沟通就能更加畅通。

很多从事培训或者咨询行业的人，都很擅长以打比方的方式给他人回话，从而让他人更易听懂话。有些从事专业工作的人，在和外行人说话的时候，也需要打比方，从而让言语深入浅出，外行人能够理解，甚至产生共鸣。

作为一名医生，刘军常常需要和不懂医学的病患关进行沟通。关于一些专业性很强的医学术语，如果刘军直接和病患及家属说，则对方往往不能很好地理解；然而，针对病情的诊断和治疗，刘军又偏偏需要和病患及家属沟通到位。由此一来，就决定了刘军只做好自己的诊断和治疗工作是远远不够的，他还要做好与病患和家属的沟通工作，才能让治疗工作顺利展开和进行下去。

有一次，刘军接待了一个患者，这个患者年纪很大，关节出现退行性病变，小脑也有萎缩的迹象。刘军和患者进行了

长时间的沟通，患者仍不明白，为何自己没有被外力作用，也没有受到外界的伤害，关节就不好了，身体也不灵活了。最终，刘军对患者说：“老人家，您家里有用了很长时间的家具吗？”患者点点头。刘军又说：“那么，您觉得这个家具使用了这么多年头，还和之前一样好用吗？”患者摇摇头。刘军继续说：“其实，您并没有损坏这些家具，对不对？但是它们有年头了，所以用起来就不那么方便和好用了，对吧？”老人看着刘军，又点点头。刘军说：“人身上的这些部件啊，也和年头久了的家具一样，虽然没有被损坏，但是时间久了就会有自然的磨损。我们要去维修这些部件，让它们更好地为我们服务。你现在吃些药先看看效果，如果随着年龄的增长，关节的确不好用，导致你不能正常地行走，那么，现在医学这么发达，还可以换关节，只要没有其他问题，就不会瘫痪的。”这么说着，老人总算听懂了刘军的意思，也不再担心自己会因为关节不好用而瘫痪在床了。

医生这个工作当然是专业性很强、专业度很高的，医生除了要有很高的专业水平、能够为患者诊断和治疗疾病之外，还要能够顺畅地与患者沟通，让患者了解自己的病情。有些医生专门诊治危重病人，则还要懂得如何给患者和家属进行回话，让他们尽量情绪平稳地接受严重的病情，且怀有积极的态度配合治疗。

有一次，一个老妇人向大科学家爱因斯坦请教什么是相对

论。显而易见，即使对于专业人士而言，相对论也是一个值得深入探讨和研究的科学问题，为此，爱因斯坦没有直截了当地告诉老妇人什么是相对论，而是对老妇人说：“如果一个人独坐在房间里一个小时，您觉得时间好过吗？”老妇人摇摇头，说：“独坐的每一分钟都是煎熬，都是很难过的，有的时候，一个小时的时间就像一个世纪那么长。”爱因斯坦又说：“那么，如果和相爱的人在一起，有说有笑，做着你们都很喜欢的事情，你觉得一个小时好过吗？”老妇人回答：“当然，时间过得很快，似乎一眨眼就过去了。”爱因斯坦说：“这就是相对论。你和所爱的人在一起时间过得很快，而独自一个人忍受时间就是煎熬，时间过得很慢。其实，从绝对意义上来说，一个小时的时长并没有改变，是你的感觉变了。”老妇人恍然大悟。

爱因斯坦以这样的方式告诉老妇人什么是相对论，虽然不是十分严谨，却给了老妇人生动形象的回话，让老妇人从现实的意义上了解了相对论，是非常合理的阐述，也收到了最好的沟通效果。

打比方，一定不要用难懂的东西来进行阐述，而要本着深入浅出的原则，用更简单的东西来打比方，这样才有助于对方理解。此外，打比方的选材可以非常灵活，不必局限于某些特定的事物，其实，只要是有助于对方理解的事物，就可以用来作为沟通的媒介，从而让沟通事半功倍。从心理学的角度而

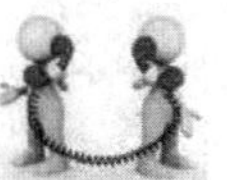

言，说服别人并非一件特别难的事情，最重要的是要掌握一定的方式方法，还要根据说服的对象因人制宜，根据说服的场合环境因地制宜。只有面面俱到、考虑周全，才能让打比方起到最佳的作用。

开玩笑，让沟通变得更加轻松

在给他人回话的时候，如果所要说的是比较沉重的话题，或者是会引起他人尴尬的话题，那么，为了收到更好的回话效果，营造出轻松愉悦的氛围，不妨采取开玩笑的方式，把一些原本很难说出口的话以半真半假的口吻说出来，这样可以收到隐晦的表达效果，也可以给对方一定的心理缓冲，让对方更容易接受。

若谈话充满趣味性，对方的心态也会变得更加轻松，而且会感受到愉悦。这样一来，交谈顺利，则回话也会变得更加容易。如果在人多的场合，这样的交谈方式还会使得在场的每个人都觉得内心愉悦，整体谈话的氛围也会更和谐融洽。当然，开玩笑也是要有限度的，还要讲究很多的忌讳，否则，非但不能收到良好的回话效果，还会导致事与愿违，使得交谈无法继续进行下去。

4月1日愚人节，似乎向来都是那些工作清闲、有闲情逸致

的人才会过的，很多工作忙碌的人往往没有时间过愚人节。这天，公司的人都在忙碌着。早晨10点钟，秘书接到老板的电话，老板说：“我采购了一批物资，让男同事们都下楼，准备搬物资。”秘书接完电话，赶紧让男同事们下楼。男同事们下楼后，等了很长时间都没有等到物资，忍不住给秘书打电话：“物资在哪里啊，怎么还没到呢？你赶紧问问老板，我们都等了这么久了。”秘书给老板打电话：“老板啊，物资在哪里呢？所有男同事都在楼下等着物资呢，但是等了十几分钟都没看到有车辆送物资过来，等不及了才让我打电话问您的。”老板说：“哈哈，你们都上当了，今天是愚人节啊！看在你们都这么好骗的份儿上，我给大家订购了豪华便当，请你们吃午饭哈！我在外地呢，要过几天才能赶回去。”

秘书忍不住哈哈大笑起来，又把这个消息打电话通知了在楼下等着的男同事们。男同事们虽然上当受骗了，但是都很开心，中午吃着老板请的豪华便当，大家觉得老板似乎不总是刻板严肃的，有时还有些可爱。

在这个事例中，老板以开玩笑的方式和同事们过愚人节，让大家都感到非常开心和高兴。这是因为老板因时制宜，借助愚人节的机会帮助同事们活跃气氛，所以才能得到同事们的一致认可和好评。如果开玩笑不讲究时间和场合，则很有可能导致事与愿违。

在医院的输液室里，有个病人正在战战兢兢地等待着输

液。他很害怕打针，甚至出现过晕针的情况。看到他紧张兮兮、脸色煞白的样子，护士小周在准备给他扎针的过程中，笑眯眯地对他说："大哥，您能勇敢些吗？今天可是我第一天上班，而且你是我的一个患者。你这么紧张，会把恐惧的情绪传染给我的，我可不保证能够一针见血啊！"其实，小周已经工作一年多了，穿刺的技术还是很高的，但是，听到小周这么说之后，病人马上表示抗议："我要找护士长，让护士长给我穿刺，我可信不过你呢，你多给我来几针，我非得晕倒了不行。"就这样，病人吓得无论如何也不愿意相信小周说自己是资深护士的解释，最终惊动了护士长。

护士长亲自给患者扎针之后，狠狠批评了小周："有的患者本身就很害怕，你怎么还能这样不合时宜地开玩笑，加重他们的心理负担呢！你这要是被投诉了，这个月的奖金就别想要了。"小周认识到错误，和护士长说："对不起，护士长，我错了，我以后再也不敢这样和患者信口开河了。其实，我本来是想和他开玩笑，让他放松些的。"护士长说："开玩笑也要分人，分时间和场合，而且要讲究方式方法。你这样可不是火上浇油吗！"小周连连点头。

在这个事例中，小周以这样的方式在这样的时间点和患者开这样的玩笑，显然是不合时宜的。这就告诉我们，开玩笑一定要讲究方式方法。具体而言，应该怎么做呢？

首先，开玩笑要区分时间和场合。例如，在参加葬礼的

时候，是绝对不适合开玩笑的。再如，在喜庆的场合里开玩笑，也要坚持积极正向的原则，发散正能量。此外，在正式的严肃场合里，不要以玩笑的方式让很多事情都变得啼笑皆非，而应该说一本正经的话，做一本正经的事情。其次，和任何人开玩笑，都不要涉及隐私，哪怕是关系再亲近的人，如果涉及隐私的问题，很容易导致对方恼羞成怒。最后，开玩笑要因人而异，对于职位比我们高的人，对于长辈，都不要随便开玩笑。此外，男性也不要随随便便就和女性开玩笑，否则，一旦把握不好尺度，就会导致女性感觉自尊心受到伤害，或者颜面受损，使得异性之间的相处变得尴尬。除了要区分交谈对象的身份地位职位，还要看交谈对象的脾气秉性、性格涵养等，只有综合考虑，才能把玩笑开得恰到好处，才能让玩笑达到预期的效果。总而言之，以玩笑活跃气氛，或者让尴尬的回话变得不那么尴尬，是完全可行的。但是，不要不分时间场合地开玩笑，否则一定会导致事与愿违，使得回话效果很糟糕，也导致沟通被终止。

第6章

快速变换思维：棘手问题避实就虚，谨慎回答

在与人沟通的过程中，我们难免会面对很多棘手的问题，这些问题难以回答，让我们感到非常尴尬。面对这些问题，回话的时候必须避实就虚，谨慎思考之后再决定如何应对，而不要仓促地应对，否则，很容易导致自己一语不慎就引发很大的麻烦，甚至会陷入人际相处的危机之中。

发散性思维，弄清提问者意图

所谓惯性思维，就是根据此前回答问题的思路，不假思索地作出回答，甚至对于问题都没有想清楚。在惯性思维的影响下，我们常常会陷入回答的误区之中，也会因为思维的局限性和影响力导致回答问题因循守旧，根本没有新意。有些提问者正是利用回话者的惯性思维，引导回话者作出既定的回答。

通常情况下，每个人之所以提问，都是因为受到了内部动机的驱使。有些内部动机非常明显，为此答案往往隐藏在问题之中；有些内部动机隐藏很深，为此就需要回话者分析提问者的动机，才能给出更恰当的回答。作为回话者，要想真正贴切地回答问题，就要利用发散性思维，弄清提问者的真实意图。如果提问者别有用心，动机不纯，那么我们即使知道提问者的动机，也可以假装不知道，避重就轻，从而回避提问者的用意。这样一来，作为回话者，我们就可以占据主动，也可以牵着提问者的鼻子走。

作为公司里的新人，小张因为工作表现还算不错，为人也很谦虚低调，深得老板的喜爱。有一段时间，老板策划着去美国出差的事情，因为出国的机会很难得，所以同事们都很希望能够陪同老板出国。然而，老板心里其实想带着小张一起去美

国，这样也可以让小张开开眼界，接受历练。消息传出后，同事对此议论纷纷，一些资历比小张老、工作表现比小张好的同事，全都表示不满。思来想去，老板决定想个办法让小张去美国这件事情变得名正言顺。

一天中午，大家吃完午饭都在办公室里休息和闲谈，老板当着所有人的面问小张："小张，听说你在大学里英语学习很不错啊！"小张不假思索地回答："哪里，哪里，也就一般般。"这个时候，有几个同事马上领会到老板的意思，当即自告奋勇："老板，我的英语过了八级，还自学了商务英语，一定能给您美国之行当好翻译。""老板，我的英语很好，尤其口语非常流畅。"这个时候。小张才醒悟过来老板是想给他名正言顺去美国的机会，但是他显然没有领会老板提问的动机，以致失去了这个机会。最终，老板带着那个英语八级的同事飞往美国，小张懊悔不已。

显而易见，小张因为遵循惯性思维，不合时宜地谦虚，没有顺着老板的话继续往下说，证明自己是最适合去美国的人选，所以，只能眼睁睁地看着陪老板去美国的好机会不翼而飞。要想给他人恰到好处的回话，就一定要理解和领悟他人的意思。如果他人是好意，我们就要顺着他人去说，如果他人是恶意，则我们也可以早作准备，占据回话的主动。如果不能理解他人提问的潜在动机，则我们回答问题的时候就常常会因为不明就里而说出错误的话，乃至错过很多的机会。

要想更好地回话，我们就要提升自己的思维水平，让思维从固有的圈子里摆脱出来，这样才能打破常规，有更加出色的回话表现。只要坚持思维清晰，我们就能找到思维的重点，从而给予回话更大的空间。当然，每个人的思维能力天生就有很大的差别，但更大程度上取决于后天的成长和发展。我们必须有意识地增强自身的思维能力，提升自身的思考水平，才能在回话的时候事半功倍。

有些问题，回答不要走极端

前文说过，在给他人回话的时候，要避免含糊其词，这是因为，很多问题的回答要非常确切，才能收到最佳的效果，才能表现出我们回答问题的诚意。然而，并非所有的问题都能精确地回答，有些问题本身就没有唯一且确定的答案，为了让回话更加周到，我们需要含糊其词地回答，才能让回话的效果更好。

具体而言，到底是精确到位地回答，还是含糊其词地回答，需要我们根据具体的问题和回答对象进行综合考量，这样才能有的放矢地回答。尤其是在面对很多开放性问题的时候，回话者往往要具备综合的知识和很强的语言表达能力，这样才能回答得更加得体，更恰到好处。此外还需要注意的是，有些

问题并不是非对即错、非黑即白的，回答的时候，我们要把思维发散开来，理性看待和分析问题，而不能在不知不觉中就走向极端。尤其是涉及人的问题，因为人总是非常复杂的，人心也很难测，所以更需要弹性地回答问题。

陶行知先生是我国伟大的教育家，在担任校长期间，有一次，陶行知看到一个男孩在打另一个男孩。陶行知当即走上前去制止了打人者，而且要求打人者放学之后去办公室找他。打人者当然知道自己犯了错误，为此很担心，一放学就胆战心惊地来到校长办公室，他认为校长一定会狠狠地批评他。没想到，陶行知看到打人者之后并没有批评，也没有发怒，反而拿出三块糖给打人者，语重心长地说："第一块糖表扬你及时来到办公室，很尊重我；第二块糖表扬你当时很给我面子，听我的话停止打人，让我这个校长觉得自己的话还是有分量、有价值的；第三块糖表扬你非常正义，我知道你是因为那个孩子欺负女生才会打他的，你把他当成了十恶不赦的坏人。不过，你要记住，打人并不能解决问题，而且对待同学不能像对待坏人那样，毕竟你们是同学，况且，他犯错误也是可以改正的。"

听完陶行知的话，打人者忍不住哭起来，说："校长，您打我吧，我不该打同学。"陶行知笑起来："你因为那个同学欺负女同学就打他，我再因为你打那个同学来打你，那么我们岂不是都犯了错误吗？不过，你已经认识到错误，我觉得我还要奖励你一块糖果，希望你始终都能坚持反省自己！"就这

样，打人者拿着四块糖离开了校长办公室，从此之后，他再也没有粗暴地对待同学，更没有犯打人的错误。

很多教育者对待犯错误的孩子方式很简单粗暴，例如，事例中的这种现象如果被其他老师看到，也许会狠狠地批评打人者一通，而且很严厉地告诉打人者，即使那个同学欺负其他同学，也不能用打人的办法解决问题。这样看起来简单明了，开门见山，实际上未必能够收到良好的教育效果。陶行知不愧是伟大的教育家，对于教育孩子有一套好方法，仅仅用四块糖果就让孩子心服口服，而且再也没有犯过同样的错误。这是因为陶行知知道孩子犯错误是正常的，也知道很多事情未必不是对就是错，而是有初衷的。为此，他选择理解和尊重孩子，也选择给予孩子更大的空间进行自我反思，给予孩子机会主动地改正错误。

人是感情动物，很擅长进行感性的思维。虽然规矩是死的，但人是活的，就连法律也不外乎人情，也要考虑到更多人的情绪和感受，更何况是日常生活中发生的这些事情呢！作为回话者，不管面对多么棘手的问题，我们都要从人性的角度出发去考虑问题，也要在回答问题的时候更多地照顾到他人的情绪和感受，这样才能把问题回答得恰到好处，才能让回话效果更好，更加周全。

避重就轻，让回答不再艰难

面对很多带有一定刁难意味的问题，一旦回答不好，就是搬起石头砸自己的脚，为此，对于回话者而言，这些带有刁难和质疑意味的问题，都是非常棘手的。尤其是在回话的时候，如果涉及很多位高权重的人，则回话就要更加有水平，是非常考验回话者智慧的。

面对这些很尖锐的问题，在回答的时候，可以采取避重就轻的方式，这样一来，既避开了问题的锋芒，也可以避免在回话过程中误伤那些有特殊身份的人，还能从另一个角度给予提问者满意的答复，可谓是非常成功的回答。当然，要想做到避重就轻并不容易，必须确定提问者的动机，且对提问者深层次的用意更加清楚，这样才能抓住提问者问题中的小小漏洞或者是疏忽之处，有效地避开锋芒，换个角度圆满回答问题。

乐乐在学校里售卖小东西、有偿借书给同学，导致被班委罚抄课文；又因为班主任老师偏袒班委不公正行使权力的行为，乐乐还和班主任老师之间发生了不愉快，把老师气得够呛，老师一个劲儿地说："我必须让你爸爸妈妈来学校，让他们好好管理你。"对此，乐乐并不服气，心中暗暗想道：你自己说不过我，就来找救兵。看着乐乐脸上的表情，班主任老师当然知道自己并没有真正地说服乐乐，为此打电话让乐乐爸爸去学校当面沟通。

知道问题的缘由，爸爸当即向老师保证会告诉乐乐不允许再在班级里卖东西，也必须遵守课堂秩序。当天回到家里，爸爸给乐乐做了工作，乐乐也表示会遵守班级规定。但是，乐乐对于老师偏袒班委的做法很不认同，说老师不够公平。这个时候，爸爸心里其实也觉得老师的做法不妥——既然制订了规则，就应该对每个孩子一视同仁，而不应该支持班委不公正对待乐乐，但是，显然爸爸不能这么说。为此，爸爸对乐乐说："乐乐，你看，爸爸妈妈每天负责管教你和小妹妹，就已经非常辛苦和劳累。而老师每天要管好班级里四十几个孩子，所以只靠着一个人的力量根本不可能做到，必须依靠班委配合。这件事情发生在班级里，如果老师秉承公正而指责班委，则未来很多同学触犯纪律都会以班委不够公平为由，不愿意听班委的话。这样一来，班委还如何能够帮助老师协调纪律呢，对不对？"乐乐想了想，说："老师私底下也没有说班委做得不对。"爸爸说："道理是一样的啊，老师必须维护班委的威信，这样才有利于班委继续维护班级正常秩序，明白吗？"乐乐想了想，说："好像也有点儿道理。"爸爸语重心长地告诉乐乐："乐乐；老师也是人，不是神仙，而且老师工作很辛苦，每天都要教你们新的知识，告诉你们做人的道理，所以你一定要尊重老师，知道吗？哪怕老师说的是错的，也不要对老师心怀芥蒂，你可以和老师辩论，却不要和老师顶撞。"乐乐点点头。

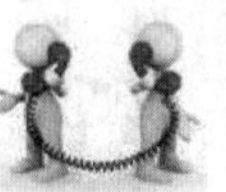

夹在老师和孩子之间，尤其是在明知道老师做得的确不够公平的情况下，父母正确地帮助孩子解开心结，让孩子继续尊重、爱戴和信任老师，这是非常重要的，也是很难做到的。最糟糕的做法就是父母护犊子，当即和孩子一起指责老师做得不对，这会纵容孩子，对于孩子的学习和成长都没有任何好处。明智的父母会避重就轻，避开老师不够公平的事实，选择安抚孩子的情绪，帮助孩子解开心结，这样孩子未来才能和老师好好相处，从而很认真地学习，很愉快地去学校。

人世间的很多事情都没有绝对的对错之分，也并不是非黑即白的。作为一个人，我们固然要感性，但也要学会理性分析问题，这样，在面对很多问题的时候，才能做到更加周全地回答。尤其需要注意的是，我们必须考虑到交谈对象的特殊身份，这样才能采取适宜的方式给交谈对象回话，才能让交流更加愉快和谐，起到事半功倍的作用。

及时提问，让提问者无暇发问

有些人提问就像是连珠炮一样发射出来，往往打得我们避之不及，无法招架。实际上，这些问题并非都需要正面回答，当我们觉得自己已经词穷的时候，不妨采取提问的方式，这样一来就可以变被动为主动，也可以掌握提问的主动权，把棘手

的问题抛给提问者，使得提问者无暇继续对我们发问。这是一种非常巧妙的回应方式，可以应对很多的问题。当然，使用这种方式给他人回话的时候要注意频率，而不要每当对方提出一个问题我们就踢皮球，否则，难免会给他人留下不够真诚、油嘴滑舌的印象。把握好回话时提问的频率，这是用好提问回话法的重点和难点所在。

如果真的遇到自己不了解的领域，那么，也不适合用提问的方法把问题还给对方，不如直截了当地承认自己在该领域的无知，这比含糊其词地回答或者是盲目踢皮球效果要更好。当然，在承认自己不知道之后，还可以以谦虚真诚的态度向对方求教，这样一来，说不定还能得到对方的赏识和倾囊相授呢！

作为应届大学毕业生，小丽最近正在四处奔波着参加面试。虽然有几家小公司给小丽发出了邀请函，但是小丽并不想屈就，她更愿意直接进入心仪的大公司，然后脚踏实地地努力，积累自己的工作经验，让人生更多一些资本。不得不说，这是小丽为长远计，是很理性的选择。

这一天，小丽参加了一家大企业的面试。面试的前半部分进展非常顺利，面试官对于小丽各方面的条件和在现场的表现也都非常满意。就在面试即将结束的时候，主考官突然问小丽："请问，您知道我们公司最近几年的发展变化吗？"小丽不由得一惊，但是她马上回复平静和理性，对面试官说："我对贵公司的发展历史有一定的了解，不过对于最近几年的发展

变化，作为曾经的局外人，我的确没有太深入的了解和认知。请问，您可以告诉我贵公司最近几年的发展变化吗？我想，这对于我在被聘用之后更好地投入工作中、为公司的发展贡献一份力量是非常有好处的。”面试官对于小丽的回答非常满意，微笑着点头，说：“那请说说公司的历史吧！”小丽因为此前做好了功课，所以马上对于公司的历史进行阐述，不但说得头头是道，还对公司发展史上几次重要的大事件进行了详细阐述。面试官忍不住对小丽竖起了大拇指，对小丽说：“请回去等通知吧，你很符合我们的用人要求。”果然，小丽很快就接到了公司人事部的聘用通知。

面对最后那个棘手的问题，小丽之所以能回答圆满，是因为她有一说一，没有对面试官敷衍了事，而是坦白承认自己的确不知道公司近几年的发展和变化。后来，小丽还以请教的态度请求面试官给自己讲述公司的知识，面试官对于小丽的机智很欣赏。在小丽头头是道地说出公司的发展历史之后，面试官知道小丽的确为了面试做了很多的功课，也很希望能够成为公司的一员，又因为小丽的确符合公司的用人要求，所以他们彼此都选择了对方。

面对他人提出的难以回答的问题，如果对方本身没有恶意，我们可以坦诚地承认自己不会，也可以怀着虚心的态度向对方请教。如果对方怀有恶意，那么我们则可以当即提出问题，把难题踢给对方，这样一来，往往能让对方被自己的提问

难住，也因此而哑口无言，无话可说。需要注意的是，切勿以对方的招式对待对方，否则你就变成了自己最讨厌的人。即使把皮球踢给对方，也要采取适宜的方式方法，让自己不卑不亢，保持尊严。

面对异议，留有回旋的余地

在与他人沟通的过程中，由于每个人的意见和观点都是不同的，所以，我们和他人之间难免会因为意见分歧产生各种异议。在这种情况下，如果彼此都寸步不让，则会导致彼此之间的沟通无法进行下去，说不定还会因为激烈的争辩而导致相互仇视，使得原本良好的人际关系被破坏，原本关系友好的朋友反目成仇。这当然是非常糟糕的，也是我们都不愿意看到的。

有一点，我们必须有清楚的认知，那就是在人际沟通中，异议的存在是很正常的。每个人都是这个世界上独一无二的生命个体，所以每个人的意见观点都有很大的不同，我们要接纳他人的不同意见；面对他人提出的异议，我们也要保持情绪平静，心态平稳，而不要一下子就爆发，导致沟通无法继续下去。

在沟通过程中，面对意见分歧，回话的态度和意见会对解决分歧起到很重要的作用，也会对后期能否通过商量解决问

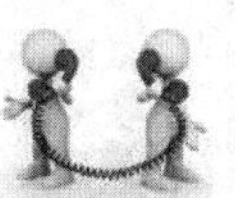

题、消除异议起到关键的影响。为此，面对异议，在回话之初一定不要冲动，要知道，说出去的话就如同泼出去的水一样，是无法收回来的。尤其是在还没有想好如何回话的情况下，冲动是魔鬼，一定要控制好内心的冲动，否则，一旦把不该说的话说出口，就无法收回来了。只有先为后续解决分歧达成一致奠定基础，才有助于圆满解决问题。

张大爷和张大妈要回老家扫墓。为了省钱，他们坚持要在站外坐车。对此，儿女们都不同意。儿子说："站外坐车不一定有座位，省那几个钱够干什么的！还是去站内坐车，保证有座位，还可以提前半个小时上车，这样多么稳妥啊！一大把年纪了，万一在站外等不到车，你们还得去站内，还耽误时间。"对于儿子的劝说，张大爷和张大妈不以为然。

闺女看到儿子以失败告终，也来劝说。闺女对张大妈说："妈妈，你本来腿脚就不好，腰也不好。去站内坐车多好，买了票轻轻松松上车，还可以找个靠前的座位不颠簸，也不容易晕车。在站外上车，没有座位可以选，说不定还没有座位坐呢！四五个小时的车程，让你坐在矮小的马扎上，你受得了吗？要是因此而导致腰疼、腿疼的毛病犯了，我还得带你去医院检查，既要花钱检查，我请假还得扣工资，省下来那几十块钱真的得不偿失。"听了闺女的话，张大妈当即坚定态度："去站内坐车，不听你爸爸的，放心吧！"

在这个事例中，儿子劝说之所以失败，是因为他很小瞧

省下来的钱，让爸爸妈妈感觉心里不舒服，觉得儿子不知道挣钱难，不知道省钱的道理。而闺女之所以劝说成功，是因为闺女没有否定张大爷和张大妈想要省钱的想法和做法，而是把为了省钱有可能导致腰腿疼痛及引起的后果说出来，最终使得张大妈意识到为了省几十块钱，说不定还要耽误时间去医院里花更多的钱。为此，张大妈马上就权衡了利弊关系，作出了正确的选择。可以说，儿子张口的第一句话就决定了劝说失败的结果；而闺女的第一句话就是为了张大妈的腰腿考虑，所以注定能够获得成功。这就是回话的学问和艺术。

闺女劝说之后，张大妈一定会感慨还是闺女贴心，知道自己的腰腿不好，所以想方设法劝说自己进站坐车；而责怪儿子不当家不知柴米贵，总是拿着钱不当钱。常言道，打蛇要打七寸，这是因为，只有抓住蛇的七寸，才能一招控制住蛇，避免被蛇咬伤。同样地，在给他人回话的时候，我们一定要洞察他人的内心，这样才能一语中的，打动他人的心，也让他人怦然心动。

总之，要想成功地实现一句话协商，就必须当即树立自己的观点，也要向对方摆明利害关系，这样才能在最短的时间内成功打动他人，让回话起到最好的作用。如果你要说的事情对对方是有好处的，那么就要一句话告诉对方最大的好处；如果你要说的事情对对方是有坏处的，那么就要一句话告诉对方最大的坏处。这样，对方才能明确事情的结果，才能当机立

断，迅速作出判断和选择。这样直截了当、开门见山的说服方法是最有力度的，值得我们每个人在回话的时候多多借鉴和使用。

改变思路，让回话不再困难

细心的朋友会发现，很多时候，矛盾之所以发生，并不是因为有大的分歧或者原则不同，往往是出于很细微的原因。生活的一些事情并不像我们想象的那么简单，又因为富于变化，所以情势往往瞬息万变，让我们应接不暇。为了以不变应付万变，我们要做的就是保持淡定和从容，而不能动辄大惊失色，不假思索就仓促作出应对。有些事情需要我们在最短的时间内解决，有些事情则并不是争分夺秒就能取得良好效果的。既然如此，不妨先进行思考，在必要的时候还可以改变思路，这样一来就有了新的角度进行回话，让回话变得不再那么困难。

人们常说，心若改变，世界也随之改变。这是因为，只有在心改变的情况下，我们的人生才能豁然开朗。很多时候，真正限制和禁锢我们的，不是外部的世界，而是我们的内心。回话的时候，思路也起到很大的决定性作用。很多人不管是说话还是做事情，总是被限制在固有的思维中无法挣脱。既然我们在解决问题时要采取发散性思维，那么，给他人回话时，我们

同样要采用发散性思维，换个角度，也许别有洞天。

作为成功学大师，卡耐基经常举办一些培训班。有一次，他为了召开筹备已久的培训，特意租用了一家酒店的大堂。然而，眼看着培训的日子就要到了，卡耐基也已经发函通知了各地的学员酒店的地址，酒店的经理突然通知卡耐基："要么提高三倍租金，要么换其他场地培训。"卡耐基非常生气，也感到十分震惊。他当即就想与酒店经理理论，后来转念一想：酒店经理的工作就是为酒店创造更高的利润。为此，卡耐基转变想法，在认真思考合理的解决方案之后，才拿着纸和笔去找酒店经理。

卡耐基给酒店经理算了一笔账："把酒店以更高的租金租出去，或许可以在眼下赚取更多的利润。但是，这样会失去我的大批学员——大量的优质准客户。我的学员们都是成功人士，他们莅临酒店参加培训，肯定会为了方便而吃住都在酒店。只要酒店的服务让他们满意，说不定他们未来出差来到这个城市时也会选择在熟悉的酒店里落脚。您想想，到底是赚取眼前的小利更重要，还是赚取长期的大利更重要呢？"在卡耐基的一番分析之下，酒店经理连连点头，最终，卡耐基成功说服酒店经历只涨30%的租金。

原本是一场危机，为何最终卡耐基能够将之化解于无形，也让酒店经理把大堂的租金涨价幅度降到最低呢？因为卡耐基很善于换位思考，理解酒店经理的苦衷，也认可酒店经理的

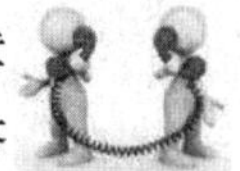

作用。而在后期说服酒店经理的过程中，卡耐基也是站在酒店经理的角度上来分析利弊，最终让酒店经理心服口服。不得不说，作为成功学大师，卡耐基深谙人性，也很擅长表达和沟通。

在改变思路的过程中，要想实现最好的结果，就要学会站在对方的角度上思考问题，而不能一味地从自身的角度出发、只做有利于自己的事情。众所周知，销售工作是难度很大的工作，因为要从客户的腰包里掏钱。但是，大多数优秀的销售员都有一个秘诀，那就是尽量从客户的角度出发考虑问题，满足客户的需求。尤其是在回话的过程中，哪怕他们想要说服客户，也不会否定客户的观点，而是先认可客户，再迂回曲折地劝说客户接受他们的观点。这样，才能收到最好的回话效果，不至于引起客户的反感。

此外，在劝说对方的过程中，最好不要一味地强迫对方，而是可以用真实的案例给予说服对象有利的证据，或者采取专家或者权威者的观点，增强说服的效果。只有面面俱到考虑周全，才能让回话的效果最佳，才能让说服的力量最强。

第7章

职场回话实战：做好心理准备，彰显自信从容

职场上的形势千变万化，人在职场，谁也不能保证自己一定会遇到怎样的同事和对手。既然如此，就要做好心理准备，以不变应万变，这样才能表现出自信从容的气度，才能在面对任何交谈对象的时候给好回话。当然，回话的能力并非与生俱来的，而是要在后天与人接触的过程中不断地历练，持续地提升，才能有显著进步。所以，不要害怕回话，而要积极主动地锻炼，让自己的水平水涨船高。

主导客户思维，才能成功回答提问

做销售的人，谁还没遇到过几个难缠的客户呢？其实，不仅销售员要应对难缠的客户，从事服务行业的人，也常常会被客户故意刁难。每个人面对客户的时候，都会有与众不同的方式，然而，应对客户不能仅凭着自己高兴，而应该从客户的角度出发思考问题，设身处地地尽量满足客户的需求，这样才能给客户留下好印象，才能与客户建立良好的关系。

除了要向客户介绍产品之外，我们还常常需要和客户进行互动与沟通。如果客户对于我们所说的话觉得不满意，或者表示质疑，那么我们一定要及时给客户回话，打消客户心中的疑虑，这样，我们才能拉近与客户的距离，赢得客户的信任，从而成功地把产品和服务推销给客户。要想做到这一点，绝不简单，我们必须主导客户的思维，从而避免客户提出难以回答的问题。当我们成功地引导客户提出我们想要回答的问题时，可以说针对客户的营销工作已经成功了一半。

主导客户思维，并不是简单容易的事情，这相当于在潜移默化中引导客户的思路，让客户跟着我们的思维节奏朝前走。不得不说，这需要高超的回话技巧，我们既要把话说到客户的心里去，又要得到客户的认可和赞赏，这很难。在职场上，很

多销售员在推销过程中总是被客户牵着鼻子走，常常会被客户问得哑口无言；也有一些销售员能够主导客户，把握着客户了解产品和决定购买的心理节奏。所谓主导，就是能够激发他人的思考，也能够让他们对于我们的话产生深刻的理解。需要注意的是，主导不是直截了当地告诉他人一件事情，而是抛砖引玉，以各种方式引导他人对于我们想说的事情主动思考，主动靠近，而绝不会轻易地就下定论。销售员要想激发客户的购买欲望，只知道说某一件产品很好是远远不够的，还要抓住客户的核心需求，发掘客户的兴趣点，这样才能更好地展示产品，最终使客户认识到购买产品是他们最好的选择。

玛丽家里正在装修，因为阳台还没有封闭，所以玛丽决定利用周末时间去几家经营窗户的门店选购窗户。为了货比三家，玛丽走进好几家卖窗户的门店里咨询，后来觉得有个门店的老板说话很中听，就决定在这家定制封闭阳台。

进入这家门店，玛丽问老板："老板，有什么好的断桥窗户推荐吗？我想要金刚一体的。"老板马上问玛丽："您想要金刚一体的？"玛丽点点头。老板说："金刚一体的窗户价格比较贵，尤其是名牌窗户，售价更贵。我建议您可以选择一般品牌的窗户，虽然是组装的，但是质量也是非常好的。"玛丽还是坚持问："你告诉我，好点儿的品牌，金刚一体的窗户多少钱一个平方。"老板说："从1500到3000多不等。"玛丽琢磨了一下："的确很贵啊，我家得有20多个平方呢！"老板

说："我不明白您为何必须要金刚一体的，其实普通的窗户家用足够，质量也是特别好的。"玛丽说："我担心质量不好，不能保障安全。"老板听到"安全"两个字，不由得心中一动："您要是担心安全问题，完全没有必要。其实金刚一体的厚度是加上纱窗的，如果去掉纱窗的厚度，本身窗户的厚度根本没有最厚的普通窗户那么厚。例如，这一款窗户，虽然不是名牌，但也是很不错的牌子。而且，这款窗户材料很厚，型材很大，除了不是整体的之外，丝毫不比金刚一体的差。就算您选购进口的窗户把手和锁，这个窗户算下来也就大概1000块钱一个平方。我还是建议您选择普通的，我们的窗户安装的时候都是用很粗很长的钢钉固定，还要打很多的胶，绝对不会出现你说的安全问题。"在老板的一番劝说下，又作了详细的预算，玛丽对于这款老板极力推荐的普通窗户怦然心动。综合考量和权衡之下，在老板再三保证安全性丝毫不逊色于金刚一体之后，玛丽终于订购了这款窗户。

在这个事例中，老板之所以能够成功地把窗户推销出去，是因为他意识到，玛丽之所以想要金刚一体，不是因为不差钱，而是因为关注安全问题。为此，他面面俱到地进行阐述，成功地把一款安全性有保障、产品质量好、性价比高的产品推销给玛丽，得到了玛丽的认可。不得不说，老板成功地主导了玛丽的购买决策过程，极大地影响了玛丽作出购买决定。这一则是因为老板推荐的产品的确很好，二则是因为老板能够从玛丽的角度出发，考虑玛丽的真正需求，为玛丽推荐最为合适的

产品。只有满足客户需求的产品，才能得到客户的认可和接纳。否则，就算产品再好，若不能满足客户的需求，则也无法成功地打动客户的心，让客户实现购买行为。

一个优秀的销售者一定能够主导客户的思维，引导客户按照他们的节奏去进行思考，认真了解产品的优势和长处，也在权衡利弊的情况下，说服自己接受产品的劣势和不足。此外，在对客户进行推销的时候，还要保持淡然的心态，而不要急功近利，否则让客户觉得你是为了自身的利益才会大力推销。真正高明的销售，是把销售化为无形，也许在沟通的过程中就能搞定客户，让客户更加重视和尊重我们的意见。

嫌货才是买货人，要会回答嫌贵的顾客

销售员工作的本质就是要从客户的口袋里往外掏钱，可想而知，这很难，因为没有人愿意把自己的钱掏给别人。即使在购买产品的时候，人们所希望的也都是花最少的钱购买最好的产品，从而实现超高性价比。这就决定了销售员在推销的时候，不管销售的是价值很高的产品还是价值很低的产品，都需要面对客户的嫌弃：价格太贵。很多销售员正是因为不知道如何回话，才导致影响了客户的购买心态，甚至使得原本即将达成交易的一笔生意鸡飞蛋打。要想提升销售水平，就必须学会

应对客户的嫌贵，给予客户及时和到位的回应，这样才能促使销售更加顺利地展开。

俗话说，嫌货才是买货人。很多时候，客户不仅嫌弃一件产品的价格太贵，也会嫌弃某件东西的质量不好。这样的嫌弃之中，只有极少数人是真的不想购买，是真正地嫌弃；而大多数人一边嫌弃，一边还在拿着东西看来看去或者对于产品进行认真检查，这往往意味着他们是想要购买这些东西的，所以才会找借口砍价。

作为一名化妆品推销员，娜娜的销售业绩在全公司是最好的。这是为什么呢？原来，娜娜很擅长给客户回话，尤其是那些嫌贵的客户，娜娜都能搞定，为此，她的销售业绩也就水涨船高。

一个周末，萌萌接待了一位40多岁的中年女性。看起来，这位中年女性应该是普通的工薪阶层，她穿着普通的衣服，脸上也没有浓妆艳抹。她询问的是基础护理套装。萌萌告诉她：“这个套装非常好用，而且量很大，均价比小套装便宜得多。”客户问：“这一套多少钱？”萌萌回答：“2680元。”客户的脸上明显露出惊讶的表情：“这么贵，还只是基础套装？”萌萌说：“这个套装的性价比是很高的。通常情况下，我们的小套装要卖到1980元，这个套装相当于小套装两倍的量，价格只比小套装贵700元，特别划算。”客户还是觉得贵，萌萌未免有些不耐烦，说：“我们的价格就是这样的，我们的化妆品的质量也是非常好的。”听到萌萌这么说，客户明显表现出不悦的表情，说：

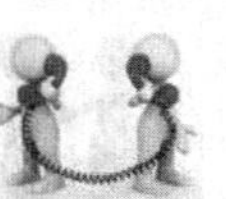

“你们的化妆品这么贵，都是给富太太用的吧！”

眼看着萌萌和客户之间谈得不愉快，娜娜赶紧来帮忙，对客户说：“这位女士，我看您气质不俗，一看就是知识分子，也没有浓妆艳抹的脂粉气。如果您注重基础护理，这个套装其实是非常划算的。通常，我们的一个小套装可以用四五个月的时间，这个大套装是加量装，可以用到一年的时间。虽然需要2680元的确挺贵，不过，平均到一年的时间里，每天才不到10块钱呢！我觉得，如果每天只要花不到10块钱就能解决面子问题，还是很值得的，毕竟我们每天都要见人呢！而且您的皮肤很白皙，底子非常好，用了这个基础套装会让面部更加水润，就算不化妆，您也会给人耳目一新的感觉。您还特别有眼光，我们这个套装都是很多特别重视面子工程的成功女性在用。”娜娜这一番话说下来，客户脸上的表情由阴转晴。她问娜娜：“马上就要三八节了，很多女性用品都有折扣，进行大力度的促销活动。你们有什么促销活动，价格可以便宜些吗？”娜娜说：“您可真是行家，每年三八节都是化妆品促销力度最大的时候。这样吧，我现在就和主管申请，看能否以三八节的价格给您。”说着，娜娜拿起电话给主管拨过去，当着客户的面很努力地和主管申请，终于为客户争取到三八节的折扣价：2180元，还可以赠送一瓶洗面奶。看到娜娜付出这么多努力，客户不好意思继续砍价，当即决定购买。

面对客户嫌贵的话，萌萌说自己家的化妆品就是这个价，

就像在指责客户没有钱消费高档护肤品一样。娜娜的策略截然不同，她先认可客户的感受，说自家化妆品的确很贵，接下来从护肤品的使用时间来给客户进行分析，最终得出每天不到10元钱就能解决面子工程的结论，让客户怦然心动。后来，娜娜更是积极地帮助客户提前申请三八节的折扣和优惠，让客户感受到她满满的诚意，所以客户才会很痛快地下定决心购买。

销售全在一张嘴，嘴巴会说话，就能把回话说到客户的心里去，让客户怦然心动。嘴巴不会说，就会导致客户心生不悦，甚至因此而打消已经产生的购买欲望。要想把回话说好，只凭着三寸不烂之舌是远远不够的，还要非常用心，了解客户的所思所想，这样，才能让客户对我们产生信任的感觉，从而愿意听从我们的建议。尤其是在客户说贵的时候，我们一定要坚持以正确的方式给客户作出回应，而不要随意地否定客户的感觉，更不要因为客户嫌弃贵就瞧不起客户。

此外，还要摆脱一个误区，那就是作为销售我们心中要有底气。有些销售总是想要讨好客户，一旦客户说贵，就会马上给客户让价。殊不知，没有人会嫌弃便宜。这样一来，直接导致客户在得到便宜之后还想更便宜，甚至对于产品的品质产生怀疑。这是客户非常微妙的想法——既想以低廉的价格购买到优质的产品，但是，当价格太低的时候，他们又会担心产品质量是否过关。所以，销售不但要满足客户的需求，还要满足客户的砍价心理需求，让客户花费一番时间和心思才能得到产

品，这样，客户才会觉得得来不易，才会更加珍惜。

具体而言，面对客户嫌贵的话，销售员可以尝试以下几种方法。首先，可以采取比较的方法证明本公司产品的质量比其他产品好，但是价格并不比其他产品高。其次，可以采取平均法，把绝对值比较高的产品价格平均分配到使用年限里，这样一来，金额就会显得小很多。最后，还可以使用拆散法，把产品的主要部件或者功能进行合理拆分。例如，有一个微蒸烤一体机需要一万多元钱才能买到，如果客户嫌弃贵，那么销售员可以列举给客户听：一个蒸箱需要五六千，一个烤箱也需要三四千，一个好的微波炉还需要两三千。这样下来，微蒸烤一体机一万多的价格不算贵，最重要的是花同样的钱还能节省厨房里很大的空间呢！这样的条分缕析，能够帮助客户整理清楚思路，让客户知道这个多功能的机器价格并不贵，还能让厨房变得非常清爽和干净。如此想来，客户何乐而不为呢？他一定会选择购买最新款的微蒸烤一体机。

从销售心理学的角度而言，客户在作购买决策的过程中，会考虑产品的质量和功能、价格、售后服务等几个方面的因素。如果产品在这几个方面都能符合客户的需求，则客户就很容易下定决心购买。在这几个因素中，价格又是核心因素，即使一件产品无法百分之百满足客户的需求，只要价格便宜，客户就会主动对自身的需求打折扣，从而让购买的决策作得更加顺利。这是客户在不知不觉间平衡内心的表现，是在衡量产品的性价比。为此，销售员必须回答好客户嫌贵的问题，才能有的放矢地消除客户的疑虑，打消客户的心结，才能让客户更快速地决定购买。

如何解决客户的质疑和投诉

作为销售员或者客户服务人员，我们常常需要面临客户的质疑和投诉。这些质疑和投诉或者是因为产品质量，或者是因为售后服务，或者是因为产品的功能。要想解决好这些质疑和投诉，作为客服人员，我们就要了解客户的核心需求，也要知道客户投诉和质疑的诉求是什么。只有洞察客户的心理状态，我们才能有的放矢地满足客户的心理需求，才能把客户服务工作做得更加到位，让客户无可挑剔。

通常情况下，客户在产品出现质量问题进行投诉的时候，往往情绪激动，也会说出一些过激的话。作为客服人员，我们的工作不是和客户吵架，而是要想方设法地解决问题。第一步，就是要安抚客户的情绪，帮助客户恢复理智和平静。否则，当交谈双方中有一方怒火中烧的时候，交谈便很难继续下去，也无法起到最佳的作用。为此，先保持交谈双方的情绪冷静和理智，才是解决问题的根本之道。

在对方说起诉求的时候，我们作为客服人员要先认真地倾听，而不要随意反驳对方。有的时候，平复对方情绪的最好

方法，不是给对方所谓的指导和建议，而是认真地倾听对方，适时地给予对方回应。这样，我们才能赢得对方的信任，才能与对方更好地互动和交流。如果可以，还可以对客户的感受表示理解和认同，当客户感受到你的感同身受时，他就会在不知不觉间把你当成自己人，而不是把你当成阶级敌人去对立和抵触。最终，一切的铺垫都要回归到正题上，那就是对客户的需求马上响应、迅速满足，甚至给客户提供超越他们期望的解决方案。唯有如此，才能挽回客户此前对于产品和公司的恶劣印象，才能真正把坏事变成好事，从而提升客户的忠诚度。

作为一名品牌服装销售员，佳佳遭遇了一件乌龙事件。原来，佳佳上个周末卖出去一套高档西装，价值高达8000元。想到买这么贵的西装的客户一定知道如何保养西装，佳佳就没有特别叮嘱客户清洗西装的注意事项。然而，才过去一个多星期，客户就来找佳佳：“你这个小丫头怎么骗人呢，8000块钱卖给我一套西装，才洗过一次就不能穿了，这皱皱巴巴的像什么样子呢，简直和垃圾一样！”看着客户丢过来的西装，佳佳简直要晕倒，当即说：“先生，这是一套纯羊毛西装，您是不是放到洗衣机里洗了呀！”客户回答：“是啊，你也没告诉我要如何洗涤啊！”佳佳有些崩溃：“难道您没穿过西装吗？西装都是要干洗的呀，尤其是羊毛西装！”客户听到这句话很不乐意：“是啊，我是个土包子没穿过羊毛西装，但是你作为销售人员也没有告诉我。你没有尽到告知义务，害得我8000块钱打了水漂，你必须给我赔

偿！”佳佳无语：“难道你买了鱼回家吃被鱼刺卡着，还能怪卖鱼的吗？”客户听到这话，当即怒火中烧，和佳佳争吵起来。

这个时候，客服经理及时赶到。他以平静的语气问客户：“先生，请您把事情描述一遍给我听。”客户觉得客服经理是个能管事的，为此把整件事情都详细讲述给客服经理听。客户经理说：“先生，我很理解您的感受，毕竟这套西服价值不菲，才穿几天就损坏了，的确很让人心疼。您希望我们如何解决呢？”客户说：“至少给我退款一半。”客服经理说：“即使给您退款一半，您也损失了4000块钱。您看这样行不行，您把这套西服留给我们，再加1000元钱，我们给您换一套新的。我知道这件事情的主要责任在销售人员没有和您说清楚，不过您也穿过了这套西服，您看行不行？”客户想了想，感到很高兴，当即付款1000元，说：“那当然更好。我也不是来讹钱的，我是真心不希望发生这样的问题。”就这样，客户带着一套新的西服走了，还对客服经理表示：“就凭着你解决问题的态度，我还会再来你们商场的。”在客服经理的圆满解决下，客户满意而归，还成了商场的忠实客户。

为何这个事件的处理效果会这么好呢？就是因为在这次事件中，客服经理的态度积极正确。他先是以倾听的方式安抚了客户的情绪，接下来又提出了超出客户预期的解决方案，最终不但消除了客户的愤怒，还以良好的解决态度圆满处理问题，让客户在把西服洗坏了之后，只付出了1000元钱，就又得到了价值

8000元的新西服。从表面上看，前期的倾听似乎无关紧要，实际上对于整件事情的解决影响很大。如果没有倾听的过程，客户的情绪不可能恢复平静，也就无法在后来进行良好的沟通。

在这个世界上，人的思想工作是最难做的，这是因为人心非常复杂，思想也一直在发生变化。要想做好人的思想工作，我们就要更加深入地了解他人的心思，这样才能因人制宜，给出最好的回话。在商场中，流传着“顾客就是上帝”的说法，因此，如何更好地为上帝服务，就是每一个销售人员和客服人员要想方设法做好的事情。

面对客户的无理要求怎么办

虽然大多数客户在为自己争取利益的时候都能考虑到公司经营的营利需要和销售员的权限，但是也有极少数客户会为了以最低的价格买到最好的产品提出不情之请。他们的这些请求只是从自身的利益角度出发，却没有考虑到对方的利益需求，他们只想最大限度压榨对方的利益。作为销售员，面对客户提出的无理要求时，我们怎么做才能既解决问题又维护好客户呢?

有些性格急躁的销售员，一听到客户提到不情之请，就会马上恼羞成怒，甚至直截了当地以各种伤害客户面子的语言对客户进行指责。有些销售员则恰恰相反，他们性格软弱怯懦，真正

把客户当成上帝，对客户言听计从，哪怕客户提出的请求不可能被满足，他们也不懂得拒绝，这样一来就导致客户形成了请求会被接受的错觉，使得客户变得更加贪婪，也有了更大的欲望。

如果公司就是我们开的，我们当然会有很大的权限对于各种事情进行调整，但是如果我们只是普通的员工，那么，面对客户的不情之请，我们不可能一一满足。当然，不管是普通员工还是公司的老板，在面对客户的时候都要有一个原则和底线，这个原则和底线是哪怕不做这单生意也不能打破的，是公司里所有人都要遵守的底线。当客户的请求触及这个底线，我们就要当机立断地拒绝，绝不给客户任何希望，彻底断绝客户不该有的念头。

作为一名二手房经纪人，朱莉在工作上的表现一直都很好，销售业绩在公司里始终名列前茅。当然，这不是因为朱莉总是能遇到通情达理和讲究服务品质的客户，相反，因为朱莉所在的公司服务收费比同行业的其他公司高，所以朱莉时常被客户质疑收费太贵，也有的客户会以高额回报为诱惑，撺掇朱莉甩掉公司帮助客户私下里交易。

对于服务费用高这一条，朱莉还能以服务好、有保障等为由给客户做工作，对于客户做私单的请求，朱莉则很尴尬。如果显得太过义正词严，就涉嫌指责客户人品不好，品质低劣；如果不坚决拒绝，又会导致客户产生希望，总是有这样的念头闪现。如何把握好严词拒绝和维持客户关系之间的度，这是一个难题。有一天，又有一个客户这样要求朱莉，朱莉灵机一动，

说：“张先生，别说这一单您给我1万块钱，您就算是把全佣6万块钱都给我，我也不能这么做。您想啊，我人到中年，上有老下有小，就算不在这个公司从业，也要去同行其他公司从业。我这么做，一旦传出去，还有哪家公司愿意用我呢？您花多少钱也不能让我砸掉饭碗啊，否则以后我都没有办法生存和养家了。”

朱莉的这番话说得合情合理，客户表示非常理解。后来，朱莉又从服务费高低的角度给客户进行梳理，告诉客户，和服务费相比，房子本身的价值更大，为此交易的安全才是第一位的。最终，客户对于说话合情合理的朱莉非常佩服，也尊重朱莉对公司忠诚的表现，很顺利地通过朱莉买到了合适的房子。

不得不说，朱莉的情商是非常高的，她把一番话说得合情合理、滴水不漏，既让客户知道了她的心意，也让客户无法指责她不帮忙，反而赢得了客户的尊重和信任，可谓一举数得。客户是上帝，销售员要想更好地为上帝服务，就要与上帝维持良好的关系。但是，有的时候上帝并非总能通情达理，面对不讲道理的上帝，我们不能生气，而要采取适宜的方式表明自己坚定不移的态度，彻底打消对方的不情之请。

有些客户居高临下，在要求得不到满足的情况下，会迁怒于销售员。这种情况下，我们既要为客户服务，也要表明自己的立场和观点，还要认识到一点，那就是从人格意义上来说我们和客户是完全平等的。为此，如果客户说出带有侮辱性的话，我们就要合理地捍卫自己的权利，而不要总是在客户面前

唯唯诺诺，胆小怯懦。

有的时候，客户出于自身的目的而提出不合理的请求，实际上，针对他们的真实目的，还有其他可行的解决之道，只是客户没有想到更合理的解决方式而已。对此，我们可以在了解客户真实目的的基础上，给出客户更加合理的建议和更圆满的解决方案。只要最终帮助客户解决了难题，相信客户不会要求我们一定要按照他们所说的不合理方式去做。要想成为一个合理的销售员，就要在公司和客户之间架设起桥梁。既要维护公司的利益，还要以恰到好处的方式拒绝客户的不合理要求，也要维持好与客户的关系，这虽然很难做到，但是，只要用心认真，并掌握有效的方式方法，就是可以实现的。

避开思维误区，正确回答常见问题

俗话说，常在河边走，没有不湿鞋的。这就告诉我们，一个人若经常做某一些事情，那么，即使做得再好，也不可能保证每一次都获得百分之百的成功。给他人回话也是如此，即便一个人很擅长人际沟通，也能做到熟练地回话，也难免会因为粗心大意而陷入思维的误区，导致在回话的时候出现纰漏。越是对于熟悉的领域或者是经常回答的问题，我们越容易因为自以为熟能生巧而导致心里不够重视，也使得错误百出。人们还

说，淹死的都是会水的，这是因为会游泳的人对水没有敬畏之心，反而会在游泳的时候出现问题。

在回话的时候，我们既不要因为陷入思维误区而导致回答问题出现错误，也不要因为不够重视问题而三心二意。只有认真慎重地对待每一个交谈对象，我们才能最大限度把话回好，才能在回答的时候保持思路的清晰和严谨。

一直以来，作为汽车推销员，张坤都对黑色的汽车情有独钟，因为他觉得黑色的汽车显得非常沉稳，也很大方，简直百搭。为此，每当有客户询问张坤应该购买什么颜色的汽车时，张坤都会不假思索地回答黑色。殊不知，如果客户本身就很喜欢黑色还好，而如果客户喜欢的是其他颜色的汽车，但是张坤给出了黑色的回答，而客户又误以为张坤是汽车的行家，那么，客户既不能完全摒弃张坤的建议，也不能当即决定按照自己的喜好购买，最终，他们举棋不定，说不定就要考虑为借口离开，再也不回来。因为这点，张坤的汽车销售业绩很差，他却不知道问题出在哪里。

有一天，张坤接待了一个老妇人。张坤问妇人："夫人，请问您需要一款什么样子的汽车？"妇人想了想说："我看到我姐姐的白色福特很漂亮，所以想换一辆新车。你有好的建议吗？"张坤当即指着一辆新款SUV说："这是我们的新款，有黑色，还有摩卡金色。您喜欢哪种颜色？"显而易见，张坤所说的颜色里没有老妇人喜欢的白色，为此，老妇人简单看了

看车，就去了隔壁的4S店里。这家是福特的销售公司。到了店里，面对销售人员的询问，老妇人说了同样的话，销售人员马上说："白色的车特别清爽，也不显得脏。我们新出了一款白色的迷你USV，非常适合您开，有很多有品位的女性都选择了这款车。"说完，销售人员把老妇人带到白色的汽车面前，又针对车子内部的装饰进行了详细的介绍。老妇人马上喜欢上这款车子，说："我就是想买一辆白色的，我姐姐的新车就是白色的。"很快，老妇人就开出了全额支票，提走了车子。

在这个事例中，张坤的销售之所以失败，是因为他完全无视客户的特别需求，而采取习惯的方式回答问题，结果导致老妇人对于他的推销工作非常不满意。在另一家4S店里，老妇人明显感到自己是被尊重的，因为她看到了自己梦寐以求的白色车子，而且得到了销售员非常好的服务。两方面综合作用，老妇人马上付款购车。

在职场上，不管是面对同事还是上司，或者是面对客户，都有很多尽管常见却并不容易回答的问题。例如，客户问你价格能不能优惠；领导问你对于现在的薪资待遇是否满意；还有老客户因为重复购买，想以极低的价格成交；也有新客户觉得不了解产品的质量，为此心里有很大的疑虑，无法马上下定决心。面对这些问题，切勿因为遭遇客户的质疑或者是不情之请就对客户有意见，也不要因为谈钱俗气就不与领导谈钱。只有端正心态，采取正确的态度面对各种问题，我们才能以合理的方式应对，以良好的方法解决问题。

第8章

回话烦恼问题：与其逃避躲闪，不如主动回应

除了在职场上我们会面临各种困惑之外，在现实生活中，各种琐碎的问题也不少。尤其是每年到了春节假期，回到家乡陪伴父母过节，我们总是会遇到七大姑八大姨，还要面对这些热心的亲戚朋友提出的各种尴尬和难堪的问题，诸如做什么工作、挣多少钱、为何还没有找女朋友结婚、什么时间才准备要孩子等。这些问题大多数涉及隐私，可那些亲朋好友往往没有隐私的概念，还是如同连珠炮一样问个不停，让我们避之不及。既然逃无可逃，不如主动回应，反而能变被动为主动，掌控先机。

如何回答七大姑八大姨的各种问题

每年春节，相信有很多人都害怕回家。因为，一旦回到家里，原本在外的游子固然能够得到家的温情和父母的关爱，但也会被那些看起来关系并不亲密的亲戚朋友过度关心。看起来，千里迢迢回家是一件很光鲜亮丽的事情，而其中的辛苦和无奈只有自己知道。尤其是在同学聚会的时候，看着昔日里不如自己的同学如今都已经事业有成、家庭幸福，心中酸溜溜的滋味更是无法言喻。

然而，对于这些不想回答的问题，我们还非要回答不可，因为所有的人都打着关心我们的旗号，满面笑容、满面关切之意地对我们提问，这让我们怎么能听若未闻，甚至直截了当地怒怼回去呢？要知道，等到过完了节我们离开家，我们的父母还要和这些亲戚相处。为此，即使很难回答，即使心中厌烦，我们依然要压抑住愤怒，给予这些亲戚朋友更加礼貌周全的回答。

一到春节，汪涵就感到头疼，因为春节对他而言不是回家休息和享受节日气氛的，而是接受各种盘问的。汪涵的妈妈家里排行老五，上面有三个哥哥一个姐姐，下面还有一个弟弟。汪涵的爸爸排行老四，上面有三个姐姐，下面有一个妹

妹。人们常说七大姑八大姨，汪涵家真是亲朋好友众多，这还不算爸爸还有一些本家的兄弟，爸爸妈妈还有很多同一个工厂的同事。

这不，汪涵才刚回到家里，姑姑们就都闻讯赶来：“汪涵啊，我们可就你这一个大侄子，你在外面混得怎么样？一个月能拿多少钱？”即使是爸妈问这个问题，汪涵也不愿意回答，更何况是姑姑们呢！但是，爸爸妈妈问这个问题，汪涵可以直截了当地告诉他们“这是我的隐私”，姑姑们问这个问题，汪涵可是无论如何也不能这么说的。为此，汪涵只好干笑两声，说：“没多少钱，也就够我自己吃喝的，大城市里开销大。”显而易见，姑姑们对于这个回答不满意，最小的姑姑只比汪涵大七八岁，索性说：“汪涵，你这是怕姑姑们和你借钱啊，你可别忘记，你小时候是我背着长大的。”汪涵说：“知道知道，小姑姑，我和你最好啦！等到结婚买房的时候，你可要借点儿钱给我啊！”小姑姑眼睛一瞪：“你在大城市里挣那么多钱，却要向我这个穷姑姑借钱，不觉得砢碜嘛！”汪涵苦笑不已。

汪涵父母的兄弟姐妹众多，都是关系很亲近的亲戚。面对亲戚们的询问，汪涵只能理解为关心，对于不想说的问题打个哈哈就过去了。然而，也有些亲戚不那么好应对，他们有着打破砂锅问到底的精神，总是要把一个问题问得明明白白才算罢休。对于这样的亲戚，如果实在无法招架，又不愿意透露隐

私，只能转移话题，或者索性告诉对方“我爸妈都没你知道得这么清楚呢”，相信对方只要机灵，能听明白你的话，就会知难而退。

诸如薪水、感情等方面的话题，都属于隐私话题，我们是有权利说也有权利不说的。但是，对于和亲戚之间的感情，则是有必要维护好的，不能对亲戚鼻子不是鼻子、眼睛不是眼睛的。人与人的关系都是处出来的，只要我们用心地回话，即使被各种问题轰炸也不气恼，相信亲戚们也会感受到我们的真心和真情。

被逼婚，巧妙应对少不了

近几年，每到春节，网络上就会曝光某个年轻人租男朋友或者女朋友回家过年的新闻。乍听起来这似乎不可信，而实际上，如果你曾经亲身遭遇过家人们逼婚的强大阵势，就能理解那些人为何做出如此疯狂的行为，居然要租男/女朋友回家堵上逼婚者的嘴巴。中国人受传统观念的影响，父母对于孩子们的婚姻大事是非常关心的，而且将其作为头等大事去对待。

当孩子处于青春期时，父母们担心孩子会早恋，简直把早恋视为洪水猛兽，想尽一切办法阻止孩子上早恋的贼船。而等到孩子考上大学，父母们的心态马上就会发生转变，或者催促

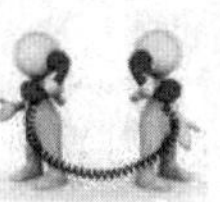

孩子们赶紧结交异性朋友，或者指导孩子们如何找到优秀的另一半。而一旦孩子们走出大学校门，正式走上工作岗位，父母们就开始明目张胆地催婚。如今，在大城市里，偏偏很多人都不急于结婚，更愿意享受单身的生活，或者只想等到绝对满意的人，而不愿意委曲求全。随着孩子年龄渐渐长大，不但父母催着孩子结婚，家里的亲戚朋友们只要见到孩子，也会催着孩子结婚。

当然，这种催婚的现象不仅在中国有，在世界上的很多国家，父母都会尝试以各种方式帮助孩子们解决婚姻大事。例如，有些父母会给孩子们在网站上登记，有的父母拿着孩子的简历和照片去参加相亲会，还有的父母会拜托每一个熟人给孩子们找对象。如今，随着婚恋节目的兴起，还有很多父母和孩子一起参加婚恋节目，现场给孩子加油助力找对象。对此，有些愿意配合的孩子可以和父母同步行动，而有些孩子对于婚姻的观念原本就和父母不同，双方难免会陷入彼此对立的状态，甚至引发各种矛盾。

为了让催婚不再那么痛苦，父母和孩子首先应改变对立的状态，形成共识，变成同一战线的战友。父母不要站在孩子的对立面催婚，而孩子也不要觉得结婚就是不好的，不妨认真倾听父母的想法，了解父母为何急于催着自己结婚。所谓解铃还须系铃人，只有知道父母的心结，孩子才能真正解决父母催婚的难题。

作为孩子，我们要与父母站在同一条战线上，告诉父母自己不是不想结婚，而是还没有遇到合适的结婚对象。毕竟婚姻是一辈子的大事情，不能轻而易举就决定，或者胡乱凑合，否则就会导致婚姻生活不顺利。为此，在了解父母催婚的真实需求后，孩子可以把自身的婚姻需求和父母的需求结合起来，从而得到父母的理解和宽容。

每年春节回家之前，马涛都很犹豫，他既想回家陪伴父母，又不想回到家之后被父母联合七大姑八大姨一起催婚。思来想去，马涛认为一年之中只有这几天的假期，决定还是回家。当然，在回家之前，他做好了心理准备，坚决要以强大的内心抵御各种催逼。

马涛乘坐了一个夜晚的火车，又在凌晨到达市区之后换成汽车，中午时才赶到家里，然而，下午，大姨就安排了相亲活动。马涛睡午觉还没睡醒呢，妈妈就使劲把马涛摇晃醒来，对马涛说："大姨安排了相亲，你要是不去，大姨肯定会生气的。你忘记了在你小时候大姨对你多么好了吗？"马涛困倦得睁不开眼睛，说："我真的很困，在火车上一夜没睡，可以等到明天再去相亲吗？"妈妈斩钉截铁地回答："不行，你小姑安排的女孩在明天见面。当然，你要是今天相亲成功，明天就不用去了。"马涛哭笑不得："妈呀，我到底是回家来过年的，还是回家来相亲的呢！"

在家的几天，马涛一直在相亲。大姨安排的女孩对马涛

印象不错，但是马涛对女孩无感。为此，大姨特意来到家里，对马涛说："马涛，你都30岁了，还挑挑拣拣什么呢！我介绍的女孩要身材有身材，要相貌有相貌，还是家里的独生女，你还想怎么的？"马涛委屈地说："大姨，我知道她很好，但是我对她没感觉怎么谈恋爱？"大姨不以为然："要什么感觉，相处久了互相喜欢，结婚就是。"马涛无语，他该怎么告诉大姨，他想来一场马拉松式的恋爱，或者至少也要一见钟情吧！想了想，马涛对大姨说："大姨，您总不想让我仓促结婚，过不到一起去再离婚吧，我真的不喜欢她，结婚以后日子会很难过的。大姨，我知道你是为了我好，这样吧，等我结婚的时候，我带着新娘子给你磕头，好不好？"看到马涛把话说到这个份儿上，大姨也不好继续催婚了，只好说："那你抓紧吧，别让我等到花儿都谢了。"

虽然催婚的人都是我们的长辈、亲戚、家人，但是，如果年复一年总是被催婚，那种滋味和感觉真的非常难受。人的感情是很奇妙的，有的时候，异性之间相处很久也没有爱恋之情；而有的时候，异性之间才刚刚看到第一眼，就忍不住怦然心动。这就是人们常说的缘分吧。

如今的年轻人对于爱情的要求很高，有很多年轻人都追求精神恋爱，希望彼此能够心灵契合。然而，缘分是可遇而不可求的。缘分来了，挡都挡不住；没有缘分，求也求不来。面对感情，很多人都开始随遇而安，既不想强求，也不想错过。

这一点和父母对于婚姻的态度截然不同。很多父母都觉得日久生情，希望孩子们能够找到门当户对的另一半赶紧结婚成家，父母也要完成对于孩子的最后一项大任务，把心放下来踏踏实实地享受晚年。如果年轻人说随缘，父母往往会觉得年轻人是在找借口，因为父母这一代人在年轻的时候就是父母之命，媒妁之言，倒也过得安安稳稳。由此可见，父母这一代人和年轻人在对于爱情与婚姻的观念上本身就有很大的差异。作为年轻人，为了更好地与父母沟通，也为了让父母不再催婚，我们必须与父母更深入地沟通和交流，使得彼此更加体谅。

幽默，是智慧的最高表现形式

面对生活中因为一言不合导致的尴尬时刻，要想让坚冰消融，要想让紧张的气氛烟消云散，我们就一定要学会幽默。有人误以为幽默就是开玩笑，其实不然，幽默是智慧的最高表现形式之一。一个人要想具备幽默的品质、提升自身幽默的水平，就一定要掌握幽默的技巧，且要学会以轻松的语调和令人愉快的语言回话。幽默不是矫揉造作，也不是假装出来的聪慧，而是各方面的能力和素质综合发展，呈现出来的、受人欢迎的能力和特质。

在人际相处的过程中，幽默有很多的妙用：回话尴尬，可

以用幽默缓解；气氛冷场，可以用幽默协调和活跃气氛；面对无法回答的问题，也可以以幽默的方式回避或者转移话题。总而言之，在人与人沟通和交流的过程中，如果没有幽默，一切语言都会黯然失色。当然，幽默的能力并非天生的，而是要在后天成长的过程中努力学习，积累更多的知识和人生的经验，才能让幽默能力加倍凸显出来的。

作为英国的前首相，丘吉尔有一个特别的习惯，那就是喜欢在炎热的夏天里泡在浴缸里解暑。有一段时间，丘吉尔在美国访问。和首脑们开会之后，丘吉尔一回到入住的酒店，就赶紧放一浴缸的水，然后把自己泡在里面。洗完澡后，他光着身体在房间里走来走去，这个时候，罗斯福前来拜访。听到敲门声，随从打开门，却不知道丘吉尔正光着身体。为此，当罗斯福走入丘吉尔的房间时，丘吉尔赤身裸体的样子映入罗斯福的眼帘，罗斯福当即掉头准备离开。丘吉尔也觉得很尴尬，但是他灵机一动，张开双臂对着罗斯福喊道："请进来，总统先生！作为大不列颠的首相，面对合众国的总统，我当然应该毫无保留。"

作为国家的高层领导人，赤身裸体地被美国总统看到，换作常人，一定会觉得非常尴尬，也会恨不得找个地洞钻进去，甚至再见到罗斯福的时候都会面红耳赤。但是丘吉尔可不是这样的人，他非常机智，而且幽默风趣。为此，在光着身体被罗斯福看到后，他非但没有逃跑，把自己藏起来，反而张开双臂坦然迎接罗斯福的到来，并且幽默地以自己的形象表明自己代表国家对于罗斯福毫无保留的态度。看到丘吉尔这样的反应，相信罗斯福一定会对丘吉尔刮目相看，也会对丘吉尔的幽默非常钦佩。

尽管幽默是人际相处的润滑剂，也是人类最高智慧的表现形式，但是幽默并非放之四海而皆准，也不是随便开什么玩笑都能算作是幽默的。幽默要区分时间和场合，也要根据交谈的对象去说，而不能总是肆无忌惮、口无遮拦地说出来，否则一定会导致事与愿违。

小王和小杜是好朋友。前几个月，小王结婚，小杜带着大礼参加了婚礼，也对小王和妻子表示了衷心的祝贺。才四五个月后，小王的孩子就满月了，准备举办满月宴，也给亲朋好友发了请帖。

满月宴当天，小杜去得有些晚，他到场的时候宴会已经开始了。小杜拿出一支金笔送给小王。小王说：“孩子才满月，这就送金笔，也太早了吧！”小杜瞪大眼睛，说：“这不早啊！你家孩子可是个急脾气，看看吧，别人结婚之后最快也要10个月，孩子才能出生，你家的孩子迫不及待，才四五个月，就来报到了。所以我觉得他将来也会比其他孩子更早地用到金笔！”听到小杜的话，在场的朋友全都哈哈大笑起来。小王和妻子明白小杜是在讽刺他们奉子成婚，不免羞红了脸，对于小杜的玩笑话十分生气。

在这个事例中，小杜开玩笑的时间和场合就很不适宜。小王和妻子给孩子办满月宴，这是他们人生之中的重要时刻，也是孩子的大日子；而且，这一天亲朋好友齐聚一堂，小杜却公然嘲笑他们奉子成婚，当然会让他们感到尴尬和难堪。其实，作为小王的好朋友，如果小杜在私底下和小王沟通的时候，以此来调侃小工，并没有什么严重的后果。但是，同样的话，说出来的时间和场合不同，收到的效果也就是截然不同的。

即使是在和非常亲密的人开玩笑时，我们也一定要注意避免提起他人的隐私，否则就会导致他人恼羞成怒，也会伤害我们与他人之间原本很友好融洽的关系。真正高明的幽默，以不伤害任何人为前提，而且要具备更高形式的智慧，这样才能让幽默发挥得恰到好处，让幽默起到更好的作用。

此外，幽默的内容要高雅，不能低俗，否则同样会引人生厌。在发挥幽默的作用时，其实也是和他人之间促进沟通、加深感情的好时机，为此幽默的态度一定要非常友善，而不能采取伤害他人或者对他人冷嘲热讽的方式来表达幽默。我们每天都要与形形色色的人打交道，每人的心理承受能力各不相同，为此，我们不能不区分对象地幽默，以免误伤了那些承受能力差、特别敏感的人。还有些人会误解幽默，觉得幽默就是要肆意张扬，实际上，不同的人在幽默的时候会表现出不同的幽默风格，越是高级的幽默，越是非常含蓄，引人深思，而越是低级的幽默，越是单纯地引人发笑，而无法激励人更深入地

思考。既然如此，我们一定要丰富自己的知识，提高自己的素养，让自己变得更加幽默，提高自己的风趣。

换位思考，巧妙回答恋人提问

情侣之间关系亲密，沟通和交流自然会更加频繁。很多情侣或是缺乏默契，或是彼此之间不能心意相通，在沟通的时候常常会因为一些小的矛盾就激发争吵，导致冲突。由此，人们感慨相爱容易相处难。

曾经有婚恋专家经过调查研究发现，大多数情侣之所以感情发生危机，就是因为他们的沟通出现问题。沟通不顺畅，使得情侣误解了彼此的意思，也使得情侣之间的感情发展不顺利，甚至会导致情侣双方恼羞成怒，反目成仇。相反，与情侣相处相比，陌生人之间的相处则会粗线条一些，也因为彼此关系疏远，对于对方没有那么高的要求和期望，所以反而更容易相处。

那么，情侣之间如何才能更好地沟通呢？尤其是当另一半问出一个很难回答的问题时，又要怎么回话才能收到最好的沟通效果呢？人是情绪动物，每时每刻都有各种各样的情绪产生，在和所在乎的人相处时，情绪会更加微妙。想一想就很奇妙，夫妻原本是陌生人，却因为结为夫妻而要在同一个屋檐下

生活，朝夕相处，共用很多东西，共渡很多难关，也要分享很多的喜悦和分担众多的忧愁。可想而知，夫妻的关系是多么错综复杂，又是多么盘根错节。在众多类型的人际关系中，情侣关系相处的难度是很大的，必须更加用心，且要努力把话说好，才能相处愉快。

小朱和女朋友薇薇安吵架了。薇薇安有些娇小姐的脾气，总是对小朱提出各种琐碎的要求，还命令小朱不管什么时候都必须第一时间接听她的电话，回复她的微信。这天上午，小朱正在开会，女朋友打电话过来，他只好挂断女朋友的电话。结果，女朋友非常生气，当即发信息说再也不愿意搭理小朱，还要和小朱分手。尽管小朱和薇薇安解释了自己正在开会，薇薇安依然不依不饶。小朱也有些生气，不愿意继续哄女朋友。一气之下，女朋友拿出行李箱收拾了衣服，要离开小朱。

这个时候，小朱想道：要是薇薇安离开了，再让她回来就会很难，而我们的感情也会生分。虽然薇薇安小姐脾气很严重，但是她其他方面还是很好的，我们已经相处一年多了，我必须珍惜。如此想来，小朱当即挡住准备离开的薇薇安，说：“你还忘记了一件东西。”薇薇安对于小朱的话不明就里，小朱一本正经地说：“你忘记带我了，我也是属于你的。”听了小朱的话，薇薇安忍不住破涕为笑，当即和小朱和好如初。

小朱之所以能够成功地和薇薇安和解，把薇薇安劝好，是因为他从和薇薇安对立的局面中摆脱出来，站在薇薇安的角

度，提醒薇薇安还有重要的东西没有带走。相信在听到这句提醒的时候，薇薇安一定心中很惊讶：难道这个家伙真的不想和我恋爱了，所以提醒我要把所有的东西都带走吗？紧接着，小朱又让薇薇安把他带走，对薇薇安的内心形成强烈的反差和作用力，让薇薇安忍不住破涕为笑，瞬间怒气全消。这样的换位方式，可以让对方感受到我们的心意，对于缓解和消除情侣间的矛盾是非常有好处的。

情侣相处原本就因为关系亲密而变得很难，具体而言，情侣在相处的过程中，一定要把握以下几个原则，才能让相处更加愉快。

首先，情侣之间更要用心地倾听。很多人觉得自己非常了解另一半，为此忽略了对对方的倾听，而在一起的时候又因为手机这个“第三者”的介入，常常出现各自抱着手机、相对两无言的尴尬局面。不得不说，每个人的心思每时每刻都在发生变化，情侣之间要想加深感情，促进关系，就一定要学会倾听，这样才能在倾听的过程中了解对方的真实心意，从而把自己的很多想法、意见和态度传达给对方。

其次，很多情侣相处的时候都特别较真，为了争出胜负输赢，他们不停地争辩，谁也不愿意让着谁，结果导致赢得了道理却输掉了感情。他们忘记了家是一个讲情的地方，而不是一个讲理的地方。只有坚持把感情放在第一位，我们才能更好地与爱人相处，才能让感情战胜理智，用感情经营关系。

再次，在沟通的过程中，一定要采取适宜的方式，保持合适的语调和声调，措辞也要适宜。很多年轻人觉得和亲近的人相处可以简单随意，却误解了简单随意的意思，以致面对爱人时常常口无遮拦，想说什么就说什么，结果一言不合就关系紧张。其实，相爱的人之间的相处是非常敏感的，越是对待爱人，我们越是要谨慎言行。细心的人会发现，对于所爱之人的一举一动、一言一行，我们都会非常在意，对此，我们要推己及人，想到对方也同样非常紧张和重视我们。

最后，有了负面情绪要及时表达出来，有了任何问题都要第一时间解决，而不要让各种糟糕的问题和负面情绪不断积累，直至产生严重的问题，最终无法挽救和弥补。人，不应该是情绪的奴隶，而应该成为情绪的主人。每个人只有真正地主宰和驾驭自己，才能控制好自身的情绪，避免在极端的情绪状态下做出愤怒的事情。老司机都知道遇到红灯宁停三分不抢一秒的道理，其实，当遇到情绪的红灯时，我们同样不能急于作出应激性反应，而应该保持理性，让自己恢复平静。这样才能慎重地思考，才能以合理的方式表达和沟通，从而做到有了问题及时解决，避免让很多问题堆积起来造成严重的后果。

心心相印的人在一起相处，可以做到心有灵犀，而如果情侣之间彼此非但不了解，还总是相互误解，则相处一定非常艰难且不愉快。为了让感情的发展更加顺利，为了让爱情能够在我们的精心浇灌下开花结果，我们一定要掌握合适的方式方法与情侣相处。必要的时候，不妨站在对方的角度思考问题，设身处地为对方着想，这样才能用真心换取真心，用真情赢得真情。

不卖弄，一言一语回答好问题

在回话的时候，如果对方的提问恰好是我们所擅长的问题，我们就会忍不住得意忘形起来，心中想道：真好，这个问题我会啊，简直是小意思啦！这么想着，我们就会因为轻视问题而口无遮拦，根本不能认真慎重地进行思考，也无法做到把问题回答得恰到好处。

其实，越是容易回答的问题，反而越容易出现各种错误。这就像是孩子们考试，出现错误导致丢分的并非那些难题，反而往往是那些擅长的、简单的题目。这是因为孩子们一旦看到题目简单就会不自觉地轻视，在回答问题的过程中也就会出现纰漏。作为成人，我们也难免陷入这样的窘境之中，为此，不要觉得问题很好回答就马上得意扬扬。只有始终坚持脚踏实地，认真思考，我们才能把问题回答好。切勿卖弄，而要务实求真，也要坚持自己的原则和底线。

很多人都无法分清楚自信和自负。其实，自信和自负之间只有度的差别。适度的自信会给予我们强大的力量，而过度的

自信则导致我们自负，飘飘然，对于自己的优点和长处无限放大，而对于自己的缺点和不足则会完全忽视。在回答问题的时候，如果怀有这样的心态，则我们无形中就会把话说得太满，也会导致搬起石头砸自己的脚，害得自己非常难堪和尴尬。俗话说，聪明反被聪明误，就是这个道理。

三国时期，杨修在曹操麾下。众所周知，曹操非常聪明，而且疑心很重，还很嫉妒别人的才能。然而，曹操很看重杨修，对杨修委以重任。遗憾的是，杨修聪明一世，糊涂一时，从未意识到自己应该减少卖弄，脚踏实地地为曹操效劳。

有一次，曹操去检查花园修建的进展，在参观花园之后，一句话都没有说，只是在大门上写了一个“活”字，就离开了。大家都不明白曹操的意思，这个时候杨修说：“门里加活，就是阔，丞相觉得门太宽了。”后来，曹操又去花园，看到花园的大门已经改窄一些了，不由得非常惊讶。得知是杨修猜出了他的意思，曹操陷入沉思。

后来，曹操和刘备对峙，陷入进退两难的境地。一天晚上，值班的军官问曹操夜间以什么话作为口令，曹操不假思索，回答“鸡肋”。杨修得知口令是“鸡肋”，当即收拾行李，还四处说曹操不日就将撤兵。大家都不明所以，问杨修为何要这么说，杨修得意地说：“丞相觉得如今的战局就像鸡肋一样食之无味，弃之可惜，肯定是要撤兵了。”听到杨修分析得有道理，很多将士都开始收拾行囊，曹操得知真相，当即下

令砍掉杨修的脑袋。

杨修的确很有才华，仅凭着曹操非常隐晦的言行举止，就能洞察曹操的内心。遗憾的是，杨修没有把自己的才华用在该用的地方，反而肆无忌惮地揣测曹操的心意，还扰乱军心，这正给了曹操机会彻底除掉他。

越是在自己擅长的领域里，我们越要踏踏实实，老实本分地回答问题，而不要故意卖弄。尤其是在对于别人的提问动机了解不透彻的情况下，更是要认真慎重地分析别人的用意，这样才能知道别人想得到怎样的回答。此外，在回答擅长的问题时，还要收敛锋芒，而不要锋芒毕露。只有耐下心、沉住气，我们才能让自己变得更加深沉内敛，才能避免因为狂妄自大而无形中得罪他人。

第9章

不要一味回答：必要时化被动为主动掌控沟通

当在沟通中处于被动的状态时，我们常常会感到非常难受，也不知道如何做才能应对复杂的情况和局面。这一切都是因为我们不能主导谈话的节奏导致的。为了彻底地改变这种局面、摆脱这种困境，我们很有必要变被动为主动，积极沟通，掌握交谈的节奏。做到这一点，我们就会发现一切都有了神奇的改变。

感情色彩决定了你回话的软硬

山东人很擅长制作面食，尤其擅长制作馒头。在全国范围内，山东的大馒头都以柔软暄和且有韧性和嚼劲而闻名。在一个外行看来，柔软暄和、有韧性和嚼劲，是一对反义词，那么山东人到底是有着怎样的巧手才把馒头做得同时具备两种相反特点的呢？实际上，馒头是否好吃，取决于面和水的比例，也取决于醒发的时间。有些最初尝试做馒头的人，总是面多了加水，水多了加面，结果，原本准备的一小盆面，最终变成了一大盆面，却依然是软硬程度不适宜的。不得不说，制作馒头是一个技术活，切勿眼高手低，觉得团个面团就能做好馒头。

要想吃到好馒头，就要先把面和好。同样，要想把回话回好，就要先调整好感情，让自己的感情色彩很适宜，这样才能做到回话软硬适中。回话太硬，能把人噎死；回话太软，又未免会被人误认为是个软柿子，为此总想拿捏我们。没有人愿意得罪所有的朋友，也没有人愿意被人捏来捏去的，既然如此，就要保持合适的感情和态度，形成良好的感情色彩，这样才能保证沟通顺利进行下去，取得良好的效果。

台湾作家三毛曾经说过，不要对恶人退让，否则恶人一定步步紧逼；不要对傻子不吝惜赞美，否则傻子就会扬扬得意，

而傻得更加厉害。由此可见，一个人说话的软硬程度关系到接下来的交谈，也会对人际关系起到深远的影响作用。在人际相处的过程中，有的时候，一句话说得不好，就会引起他人的误解。反之，一句话说得好，就可以马上与他人拉近距离，有更好的相处。

说起回话，不管是态度过于强硬的回话，还是没有态度圆滑的回话，都是让人感到非常厌倦的。只有适度，才能起到最佳的作用。很多管理者深谙管理之道，对下属宽严并济、恩威并施，也是为了收到软硬适度的效果。

妻子特别爱跳舞，有的时候，丈夫下班早，就会和妻子一起去跳舞。最近这段时间，丈夫工作特别忙，有一天妻子独自去跳舞，认识了一个新舞伴，跳得很开心，居然跳到了深夜。因为妻子的手机没电了，丈夫打妻子的电话打不通，非常着急。妻子跳得太投入，后来一看时间已经深夜12点了，不敢回家打扰丈夫，便去了附近的娘家休息。

凌晨1点，丈夫把电话打到丈母娘家里，气狠狠地问丈母娘："美娟回去了吗？"丈母娘说："已经回了，你怎么这么晚来电话，我还以为有什么紧急的事情呢，心跳都加速了。"丈夫很生气："还不是因为美娟手机没电，也不知道给我打个电话报平安，我一晚上都在担心她，电话还打不通。"丈母娘平日里就很喜欢女婿，对于美娟的任性也是深有感触的，为此当即对女婿说："放心吧。我这就去说她，这个丫头也太不像

话了，一点儿责任心都没有。你是刚下晚班吗？快点儿吃点东西睡觉吧，我一定让美娟明天早晨给你去电话道歉。”在丈母娘的安抚下，女婿的情绪稍微平和些了，说：“妈，对不起啊，这么晚打扰你，害得你也跟着担心。”

显而易见，这个丈母娘说话富有感情色彩。她并不偏袒女儿，反而很公正地维护女婿，所以才会在听女婿讲了缘由之后对女婿表示非常理解，也当即表态要好好教育女儿。反之，如果丈母娘很偏袒女儿，而对于女婿的感受不放在心上，则她在给女婿回话的时候就会含糊其词，而不会指责女儿。

要想让自己说话有更加鲜明的感情色彩，也软硬适中，还需要掌握一些技巧，这样才能既起到教育的作用，也能维护好人际关系。首先，硬话可以软说，这样能够收到出其不意的沟通效果，也让对方在听到这些软话之后无法表示反对，更无法当即回去。其次，反话可以正说。对方已做好了被你批评和训斥的准备，你却把那些难听的话以好听的方式说出来，这样一来就成功避免了忠言逆耳的反面作用，也可以收到很好的引导效果。最后，对人要宽容，得理也要饶人，有温度的语言更能够打动人心。很多人一旦揪住他人的小辫子就不愿意放手，给他人留下了很恶劣的印象。做人，一定要宽容，如果能够做到以德报怨，则一定能够真正地打动人心，也说服他人。总而言之，很多事情未必只有一种处理和应对的方式，很多话也未必只能按照原有的表达方式说出来。有的时候，我们需要脑洞大

开，既要讲理，也要讲情，从而做到以理服人，以情动人，让说服起到最佳的作用。

含糊其词，用无效回答敷衍

前文说过，对于攻击性的问题，我们可以采取反问的方式把皮球踢给对方，让对方感到无言以对。但是，对于那些并非出于恶意却会导致我们非常尴尬的问题，则不适宜用攻击性很强的反问方式。假如对方是出于好心，也没有意识到这样对我们说话或者提问会让我们难堪，那么我们不妨装糊涂，含糊其词，并且用无效的回答敷衍对方，从而使得大家能友好相处，而不至于因此陷入冷场之中。

现实生活中，有些人一旦遇到难以回答的问题就会打哈哈。所谓打哈哈，就是说一些顾左右而言他或者没有实际意义的话，避免进行有效的回答，也避免激化矛盾。这是一种无效回答，即使回答了，也相当于没有回答，因为对方并不能从我们的回答中收集有效的信息，或是得到他们想要的反馈。在需要正面回答的情况下，打哈哈是一种很低效率的交流方式。而在无须回答的问题面前，打哈哈则可以帮助我们保护自己，有效地控制他人的思维，引导他人的交谈节奏。打哈哈说的是没有意义的话，既然如此，说话的方式也就可以非常灵活和丰

富，根本不需要拘泥于形式，只要能够起到转移话题、回避回答的作用就好。

当然，打哈哈并非放之四海而皆准，有的时候，别人来求助于我们，在这种情况下，我们如果有能力，则应鼎力相助，如果没有能力，就要明确和对方表达拒绝的意思。为了让对方被拒绝之后不至于记恨我们，我们还可以说一些自己的苦衷，争取得到对方的谅解。这个时候很不适合打哈哈，否则会给对方留下直接拒绝且世故圆滑的糟糕印象，不利于我们建立和维护良好的人际关系。

还有的时候，我们对于他人所说的话题不感兴趣，不愿意参与这个话题，对此，也可以采取打哈哈的方式。例如，前段时间网络沟通中用得很广泛且频率很高的“呵呵”，就是一种打哈哈的典型方式。因为这是一种爱搭不理的回话方式，且带有一定的冷漠色彩，意味着不屑一顾。为此，在与他人沟通的时候，要慎重选用“呵呵”这种典型回话方式，以免引起他人的误解。

在办公室里，杨姐向来都是明哲保身的典型代表。虽然在公司里时间很长，是办公室里当之无愧的元老级人物，但是杨姐从来不会仗着自己的资格老，在办公室里当小喇叭、长舌妇。

有一次，刘琴因为一些事情和上司发生了冲突，对上司意见很大。为此，刘琴忍不住和杨姐抱怨：“杨姐，你说我们怎么这么倒霉，居然摊上了这样的领导，真是没地方说理去。”

杨姐听到刘琴说起这样的敏感话题，非常慎重，说：“哎，家家都有本难念的经，每个公司都有各种各样的问题。”刘琴没有理会杨姐的意思，继续说：“我这个人一向嫉恶如仇，最恨别人对我不公平。一旦遇到不公平的事情，我就必须讨个说法。杨姐，你说我该怎么办呢？”杨姐微微一笑：“呵呵，我没有这方面的经验啊！”这一次，刘琴知道杨姐不想蹚这趟浑水，也不愿意参与她的话题，为此马上噤声，不再和杨姐就这个话题说下去了。

职场里的很多菜鸟都缺乏经验，尤其是那些刚刚毕业的应届大学生，处处追求公平，事事都索要说法。其实，这个世界上根本没有绝对的公平，而且很多事情换一个角度去看就会有不同的考量。作为职场老人，又一直在办公室里看世事冷暖，杨姐对于这类事情还是能够看明白的。她不愿意参与刘琴的敏感话题，又不能对刘琴所说的话听若未闻，为此就采取这种打哈哈的方式对刘琴敷衍了事。

除了采取无意义的回答——打哈哈之外，有的时候，还可以假装没听懂对方的话，故意答非所问，让对方在询问一两次之后无奈地放弃。对于很多涉及隐私的话题，就可以采取这样答非所问的方式回答，这样一来，一则对对方作出了回应，二则也可以把话题岔开。

过年了，总有些不合时宜的成人一看到孩子就要问成绩，却不知道成绩是孩子心中的痛点所在。好不容易放假了，可以

暂时把学习放下，就算是学霸，也不愿意继续被问及和学习有关的问题。这不，小菲才和爸爸妈妈一起回到老家，大伯一看到小菲就问：“小菲，学习怎么样？”小菲当然听懂了大伯的问题，但是她假装没听清楚，回答：“学校特别好。我们的学校在大城市，房子建造得很漂亮，设施也很齐全，比起家里的学校不知道好多少倍呢！大伯，你要把哥哥也转到我们的学校上学吗？”大伯有些尴尬，说：“大伯可没有这个能力，而且我们在城里没有房子，没有地方住啊……”大伯的话还没说完，小菲就说：“大伯，要努力奋斗啊，就像我爸爸妈妈一样！”说完，小菲就跑去玩了，剩下大伯愣在原地。

小菲很聪明，故意装作听错大伯的提问，把话题引到学校方面，还给大伯提出了一个不太容易回答的问题，让大伯也尝到了别人哪壶不开提哪壶的滋味。答非所问，是一种摆脱尴尬的好方式，如果能够灵活运用，就可以解救我们于水火，让我们在沟通过程中更加占据主动。

所谓无效回答，也分两种，一种是真正的无效回答，即回答毫无意义，从回答中看不出任何端倪。一种是有效的无效回答。在这种回答中，隐藏着问题的答案。不管是哪种无效回答的方式，都需要根据具体情况灵活运用，才能起到最佳的作用。

停顿恰到好处，语意截然不同

在给他人回话的时候，除了组织语言、使用不同的表达方式，以让语意有所改变之外，还可以巧妙地利用停顿，以便更加到位地表情达意。所谓停顿，就是在进行语言表达的过程中，根据不同内容的需要，在说话时暂停或者间断。很多人对于停顿并不重视，实际上，如果能在回话的时候巧妙利用停顿，则能够更加精确地进行表达，也能够更加清晰地传达说话的意思。反之，如果说话者从来不知道停顿，则一定会让语言表达的逻辑很混乱，也会导致人际沟通面临很大的障碍，根本无法起到表情达意的作用。

学校里举行拔河比赛，比赛当天，倩倩因为身体不适而没有去学校上学。虽然人在家里，但是她很牵挂拔河比赛的结果，为此，下午到了放学的时间，倩倩赶紧打电话给好朋友萍萍询问比赛的结果。萍萍对倩倩说："我们班级大败二班获得了冠军。"听到萍萍的回答，倩倩觉得丈二和尚摸不着到头脑，问："到底是我们班级胜利了，还是二班胜利了？"萍萍说："那还用问吗？当然是我们班级赢了啊，你怎么听不懂我说话呢！"倩倩说："你说话谁能听懂啊，都没有断句，给我的感觉是我们班级大败，二班获得了冠军，还可以理解成我们班级大败二班，获得了冠军。"萍萍不好意思地笑了，倩倩说："你可真是的，写作文就不会使用标点符号，就连说话也

不知道该如何断句。改天，我必须好好给你补习补习，教会你如何正确地断句。”

在这个事例中，萍萍就是典型的不会断句，所以才会导致说出来的话引起歧义，虽然她很及时地回答了倩倩的问题，但是倩倩对于哪个班级获胜依然一无所知。从这个事例可以看出，要想准确到位地表达意思，就一定要采取正确的方式断句，这样才能让意思的表达更加清晰。从小学三年级开始，孩子们学习写作文，面对的一大难题就是要学会正确使用标点符号。其实，标点符号就是孩子们断句的书面表达方式，而在口语中，我们无须说出标点符号，但也要用正确的方式来停顿，这样才能让语意表达更加清晰准确。

很久以前，有个书生穷困潦倒，到了食不果腹的程度，无奈之下，只好去投奔往日里相处比较好的朋友，希望朋友能够念旧情收留他一段时间。然而，这个朋友是个非常势利的小人，虽然以前和书生关系甚好，但是，如今看到书生落魄潦倒，恨不得躲开书生远远的。眼看着天色已晚，朋友几次三番隐晦地提醒书生该告辞了，书生当然知道朋友的意思，但是他不想再在破庙里度过寒冷的夜晚，为此只好假装没听懂朋友的意思，继续厚着脸皮留在朋友的家里。

朋友极不情愿地招待书生吃完晚饭，没想到天上突然雷声大作，下起雨来。这个时候，朋友实在按捺不住，只好写了一句话给书生：“下雨天留客天留我不留。”这句话没有使用

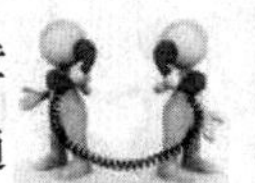

任何标点符号，只能凭着断句来表达意思。书生当然知道朋友的意思，当即拿起笔来给这句话加了标点。他一边加标点一边对朋友说："老兄，你文采斐然，可惜对于标点符号的使用一直都有所欠缺。看看吧，我把标点符号加好了。"朋友看到书生加的标点符号，无奈之下只好邀请书生留下过夜。原来，书生用标点符号把那句话改成："下雨天，留客天，留我不？留！"就这样，书生在朋友家的客房里度过了一个还算安适的夜晚，他知道朋友不想继续留下自己，次日早早地告辞，去投奔亲戚了。

因为使用标点符号巧妙，书生如愿以偿地留在朋友家里过夜。如果对朋友的这句话换一种加标点符号的方法，这句话就会成为："下雨天留客，天留，我不留。"由此可见，在一句话中使用怎样的标点符号，对于句子意思的表达的影响是非常大的。日常生活中，我们在与人沟通的过程中，也会遇到类似的问题。为了让句意更加到位，我们一定要在写作书面语的时候，用好标点符号，也要在说话的时候，巧妙用好停顿。这样，我们才能更加准确地表情达意，才能让听话者对我们无言以对。

从语法的角度而言，停顿分为三种。第一种停顿是出于逻辑表达的需要而作出的，例如，上述事例中的停顿就能够更好地表达语句的意思，属于逻辑停顿。第二种停顿是生理停顿，当一句话太长的时候，说话者如果一气呵成，就会非常憋闷，生理停顿恰恰给了说话者一定的时间喘息。第三种停顿是感情停顿。所谓感情停顿，即停顿是为了更好地表达感情，例如，很多演讲者在说出感情强烈的惊叹句时，就会采取停顿的方式表情达意，也给予听众感受强烈感情的时间。只要能够合理利用这几种停顿，就会让表达事半功倍。有的时候，合理地停顿还会赋予语言特别的力量，如反击的力量、幽默的力量等，这些如果只依靠语言内容的组织，是很难表达出来的。

设置悬念，引导他人思考

在文学的领域，一篇引人入胜的文章，一定会有悬念，这样才能在表达的过程中吸引读者的注意。同样的道理，在进行口头表达的时候，如果设置悬念，则既可以吸引他人，也可以给予他人更多的时间去思考，激发他人开动脑筋，对于很多问题了解得更加明白和透彻。日常生活中，我们常常发现有人说话喜欢卖关子，这就是在设置悬念。说书者在讲述那些长篇故事的时候，为了起到吸引人的作用，说书人总是会在关键时刻戛然而止，告诉听众“且听下回分解”。这样一来，听众的兴趣就会被激发出来，他们很想赶紧听到下一回合的讲解，也就此成了说书者忠实的听众。

在给人回话的时候，为了更大程度地吸引他人的注意，让

他人对我们的话认真、用心地倾听，我们也可以采取设置悬念的方式，激发起他人的好奇心，让他们对于我们的讲述充满强烈的欲望。

这个周末，约翰代表单位参加了本区的技能大赛。在为期两天的比赛中，约翰都不能和比赛之外的人通电话，为此妻子玛丽一直都很急于得知结果。比赛结束的当天晚上，约翰还没有赶到家里呢，玛丽就给约翰打电话："亲爱的，比赛的结果怎么样，你获奖了吗？"约翰假装语气沉重地对玛丽说："亲爱的，我虽然非常优秀，但是我的对手们同样优秀，甚至在某些方面他们远远地超过我呢！你猜猜，强强相遇，结果如何？"在约翰的一番铺垫之下，原本对于约翰获胜很有把握的妻子有些拿不准，对约翰说："难道你输了吗？"妻子不敢直接猜测约翰获胜，否则，万一约翰比赛的成绩不好，就会为此感到受挫和伤心。妻子只能以这样试探性的语气猜测约翰是否输了。

约翰说："亲爱的，在你心里我难道这么不堪一击吗？"妻子更困惑了："你不是说对手也很强大吗？"这个时候，约翰忍不住笑起来，说："哈哈，我获胜了，一等奖。"妻子悬着的心这才放下来，忍不住嗔怪约翰："你简直太坏了，怎么能这样呢！吓我一跳，我都在想要怎么做才能安慰你了！"当天晚上约翰回到家里时，妻子已经将庆祝活动的一切准备就绪。

如果约翰直接告诉妻子他获得了一等奖，妻子固然会感到高兴，但也因为没有心怀忐忑猜测的过程而失去后来的惊喜。约翰没有直接告诉妻子比赛的结果，而是先假装心情很沉重，引导妻子进行猜测。妻子既不敢直接猜测好的结果，又不能表现出对约翰毫无信心，为此很为难，不停地猜来猜去。最终，当从约翰口中得知比赛结果的时候，悬着的心如释重负地放下来，因而得到了加倍的惊喜。

设置悬念不但可以让惊喜加倍，还可以帮助人们进行心理上的缓冲，让人们做好准备接受糟糕的结果。

学校在期末组织了模拟考试。对于六年级的毕业生来说，这次模拟考试就像是小升初的一次预演，为此，对于豆豆的考试表现，爸爸妈妈非常关注。考试结束后，爸爸妈妈一直在等着成绩出来。大概5天后，豆豆的考试成绩出来了，并不理想。豆豆很害怕，拿着成绩单不敢回家。

豆豆磨磨蹭蹭回到家里，刚打开家门，妈妈就着急地问："成绩出来了吗？"豆豆说："出来了。"妈妈问："考得怎么样？"豆豆说："不太好。"妈妈很着急："不太好是多少分？"豆豆没有从正面回答，继续卖关子："反正不像你们期望的那样，挺糟糕的。"妈妈问："难道不及格？"豆豆说："也没有那么惨。"妈妈实在按捺不住，拿着豆豆的书包开始翻试卷。豆豆说："别找啦，试卷不在书包里。你要是做好心理准备了，我就拿出来。"妈妈说："赶紧的！"豆豆把试

卷拿出来，妈妈看到成绩并不像想象中那么糟糕，不由得如释重负："89分，还算可以吧，不过，为什么没考到九十几分呢？"看到试卷不是不及格，也不是六七十分，而是接近90分的89分，尽管这个成绩比妈妈原本预期的要差很多，但是因为有了豆豆之前的卖关子，也做好了最坏的准备，所以妈妈倒是没有那么难以接受了。

在这个事例中，豆豆运用卖关子的方法，成功地降低了妈妈的心理预期，让妈妈设想到最糟糕的成绩，所以，妈妈在看到豆豆不那么糟糕的成绩之后，也就没有那么难以接受了。在人际沟通中，如果能够恰到好处地运用卖关子的方式来给他人回话，就可以达到事半功倍的交流效果。

除了加倍快乐、降低期望之外，卖关子的回话方式还有其他的效果，如激发他人的思维，让他人进行深入的思考。与他人谈话时，有时不妨卖个关子，这样一来，他人就可以在还没有得到回答的情况下，先开动脑筋去思考，也让思想变得更加深入，从而促进沟通的进行。

有的时候，退就是进

在人际沟通的过程中，很多人对于沟通都有错误的想法，觉得所谓沟通就是说服对方，尤其是在与对方意见有分歧的情

况下，我们更是会在不知不觉之间就如同一只刺猬一样炸起全身的刺，恨不得马上就不择手段地以语言的利剑打败对方。其实，很多时候是我们单方面进入备战状态，而对方尽管看起来咄咄逼人，最终的目的却是达成和解，取得统一。面对这样的情况，我们最重要的就是先调整好自己的心态，这样才能保持情绪的平静和理智，才能有策略地回话，以退为进。

现实生活中的很多辩论并不是辩论赛，不需要我们势必和他人争出个胜负输赢来，而是为了解决很多真正发生且切实存在的问题。既然日常的交流和专业的辩论目的并不相同，那么就让我们收起唇枪舌剑，一切都本着圆满解决问题的原则去进行。

人在职场，难免需要面对客户，或者和同事聊天。就算是在生活中，与家人朋友之间也会有意见不统一的时候，每当这时，一味地以语言为武器去刺伤他人并非明智的选择，反而会导致事与愿违。只有保持理智，采取最佳的回话策略，才能达到让人惊喜的效果。在交谈的过程中，我们一定要善于退步，而不要误以为只有不断地进攻才能获胜。有的时候，退就是进，而更多的时候，进则会导致退。只有让自己的内心保持平衡的状态，我们才能有效地把握谈话的主动权，才能对于对方的进攻做出轻松应对的姿态。

琳达准备购买一套房屋。琳达联系了房屋经纪人，选出来一套很合适的房屋，并很快和房主坐在一起，开始洽谈购房

的事情。毫无疑问，针对房产的交易，最重要的就是价格，只有在价格合适的情况下，才能涉及细节问题。为此，才见到房主，琳达就说出了自己的诉求："请问，您的房子价格还可以优惠些吗？"房主表现出很为难的样子，说："我也是需要换房，卖掉这个房子，我还要再买。所以很抱歉，我的价格最低就是这么多了。"琳达说："我真的不是故意要压低您的价格，而是首付的确很有限。我非常喜欢您的房子，也愿意成为它的新主人。原本，我是希望您能便宜3万美元的，您应该听经纪人说过了。现在看来，这也许不太可能，那么，我愿意退一步，只希望您能便宜2万美元，好吗？"听到房主的回答，琳达对于此前希望房主降低3万美元的要求作出让步。在经纪人的斡旋下，房主顺利让步1万。这样一来，琳达和房主之间的价格就只相差1万了。后来，她和房主又各让一步，她涨了5000美元，而房主则让了5000美元。最终，交易顺利达成，琳达和房主还成了好朋友呢！

在这个事例中，琳达先对房主让了一步，所以房主才会感到很开心，也感受到琳达的诚意，因此才愿意同样退让一步。不得不说，琳达看似是在退步，实际上是在进一步，正是因为她采取这样的策略，激发起房主的互偿心理，所以两人才能达成共识，最终顺利达成交易。有的时候，我们想让他人作出让步，自己就要先主动退让，若一味地想要让他人让步，往往很难实现。古人云，欲速则不达，说的也是同样的道理。

从心理学的角度而言，人人都想得到他人的认可和赞同，而不想被他人否定。为此，要想得到他人的信任和尊重，我们首先要尊重和信任他人。此外需要注意的是，当我们在认可他人的时候，千万不要流于形式，而要发自内心地承认他人，这样我们才能表现得很友善，很真诚，才能真正打动他人的心。人与人之间如果存在难以打破的堡垒，就会导致后续的相处很难进行下去。唯有以真诚友善打开他人的心扉，让我们与他人之间的沟通更加顺畅，彼此才能进行更深的沟通和交流。

除了以退让打动他人的心之外，我们还可以以退让的方式进行进攻。这样的退让可以以多种方式进行，例如，可以道歉，可以以子之矛攻子之盾。只要把退让的方式运用得恰到好处，我们就能有力地反击他人，也能够最大限度激发我们内心的力量，让我们更加有的放矢地运用语言来达成沟通的目的，实现沟通的意义。

第10章

小心身体语言：比你的声音更先作出“出卖你”的回答

很多人都注重语言沟通，而忽略了非语言沟通。实际上，语言沟通是可以组织的，也是可以实现一定目标的，而非语言沟通则大多数源自无意识，是人们在情不自禁和不知不觉中做出来的。很多心理学家都认可，肢体语言的表达在沟通中起到很大的作用，为此，在给他人回话的时候，我们一定要重视肢体语言，这样才能促进沟通和交流。

掌控肢体语言，保护内心小秘密

人与人在交往的过程中，未必只有把话说到位才能收到最佳的表达效果。很多人都具有知人识面的本领，这不是因为他们真的能够看透人心，而是因为他们可以通过阅读对方的肢体语言洞察对方的心思。有的时候，我们可以组织语言，却不能虚伪掩饰自己的动作。这是因为人的肢体动作往往出自无意，是在无意识状态下做出来的。为此，如果能够识别肢体语言，就可以做到洞察人心，也就可以更好地回话。

掌控肢体语言，不但可以帮助我们更好地了解他人，也可以帮助我们保守住内心的小秘密。这是因为我们不但可以通过他人的肢体语言了解和认知他人，也可以通过调整自身的肢体语言更好地表情达意。需要注意的是，当我们想要掩饰自己真实的意思时，肢体语言很有可能会在不经意间出卖我们。例如，当我们敷衍了事地答应别人一件事情，实际上心里对于这件事情非常排斥和抵触时，我们情不自禁做出的肢体动作，往往会出卖我们的内心。这样一来，他人当然会知道我们的真实想法。如果我们勉为其难地答应帮助他人，而且不想让他们看出我们的不情愿，我们就要控制好肢体语言，避免肢体语言暴露真实的内心。

在微表情领域，保罗·埃可曼教授是非常权威的。他曾经说过，当一个人的面部表情、肢体动作与语言并不能相互一致和协调的时候，就意味着这个人言不由衷。这是因为一个人虽然可以有目的地组织语言，却没有办法控制自己的表情和动作。为此，要想洞察人心，我们就要抓住他人的动作和表情，从而在了解他人内心的基础上给予他人更好的回应，与他人进行更加深入的交流。

小张正在追求一个美丽的女孩。这个女孩是小张的同事，原本，小张以为自己近水楼台先得月，有追求女孩的便利，结果却发现，女孩虽然对他不反感，却也对他没有特别的好感。为此，小张感到非常郁闷和懊恼。

为了避免美丽的女孩接受他人的追求，小张决定加强攻势。借着女孩过生日的机会，小张精心挑选了礼物送给女孩，并且邀请女孩吃饭。女孩接受了小张的邀请，小张兴奋不已，早早到达约会的餐厅里等待。看到女孩到来，小张赶紧郑重其事地把礼物送给女孩。没想到，女孩接到礼物之后，当即就把礼物放在旁边的板凳上，漫不经心地说了句“谢谢”。原本还满心欢喜的小张不由得感到很失落，他意识到，女孩之所以不喜欢她的礼物，就是因为女孩对于他的的人也不感兴趣。这顿饭吃得毫无滋味，女孩不时地拿起手机来看，气氛常常冷淡。分别的时候，女孩对小张说：“我们可以当很好的朋友，却不能成为恋人。从此之后，咱们就是哥们儿，好吗？”小张至此已经

完全明白女孩的心意，当然不能再说什么，只好答应了女孩。

在这个事例中，女孩对于小张丝毫不感兴趣，也没有异样的感情，小张通过观察女孩的肢体语言，明白了女孩的意思。一个女孩如果喜欢某个男孩，她的眼角眉梢都会带着笑意和幸福，而且会很愿意与这个男孩进行眼神的交流。得到心爱的男孩赠送的礼物，不管礼物贵贱，女孩都会表现得非常喜欢，也正因如此，那些浪漫的情侣才会用草环或者易拉罐的拉环当戒指，而且非常珍惜。聪明的小张知道了女孩的心意，选择和女孩当朋友，这对于彼此来说都是更加轻松的选择。

那么，具体来说，肢体语言包括哪些方面呢？

首先，头部动作不容小觑。很多人说起话来摇头晃脑，没有正形，给人留下很糟糕的印象。一个内心坦荡的人，总是抬起头眼睛直视着他人，而不会总是低下头或者抓耳挠腮，更不会眼神游移不定，否则就是内心虚弱的表现。

其次，手部动作。手，在整个人体中是非常灵活的部位，而且手部的动作变化复杂，非常微妙。一个人如果把两只胳膊交叉环抱在胸前，就是心怀戒备的表现，而且有拒人于千里的意愿。相反，一个人如果张开怀抱拥抱他人，则是在真诚热情地接纳他人。当一个人把两只手交叉在一起时，是在进行沉思，也许其内心非常紧张恐惧。尤其是在谈判的过程中，最好不要出现这样的动作。还有的人在与人沟通的时候，喜欢手中拿着一支笔玩耍，不停地旋转笔，这也会给人留下很糟糕的印

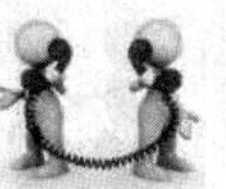

象。越是在正式的场合，手部的动作越是要减少，最好不要总是用手去触摸身体的各个部位，而应自然地摆放在桌子上，站立的时候，则应让双臂自然地垂在身体两侧。

再次，脚部动作不容小觑。说起肢体动作，很多人的第一反应就是面部表情、手部动作，而忽略了脚部动作。实际上，正是因为脚部动作不易觉察，所以脚部动作往往能够更加积极主动地表现出人们深层次的心理状态。例如，当一个人的脚尖指向门口时，往往意味着他对于当前正在进行的谈话很不耐烦，很想立即结束谈话，马上离开。再如，当一个人的脚快速晃动时，则意味着他对于我们所说的话漫不经心，也很不以为然。即便是在站立的时候，人的脚尖也总是表现出内心的欲望，或者想要马上离开，或者想要停留在原地，这些都是脚部的微妙语言。

最后，身体的姿态表现非常明显，只要能够对于身体姿态正确解读，我们就能了解一个人深层次的心理。很多人都知道“葛优瘫”，这是一种非常放松的姿态，人们独处或者在自己家里的时候喜欢采用这种姿态。在公开场合，这样的姿态则是对人不尊重的表现。在正式的场合里，我们应该保持身体姿态略微前倾，这是尊重他人且对他人所说的话感兴趣的表现。反之，如果把身体后仰，则意味着对他人不尊重，非常傲慢无礼。其他的，诸如侧身对着他人、以后背对着他人等，都是无视他人或者轻视他人的表现。有的时候，我们在和他人话不投机或者闹不愉快的时候，还会马上气愤地离开，甚至在离开关门的时候非常用力地甩门而去。这是要与他人决裂的表现。

总而言之，身体语言关系到身体的各个部位，要想借助于身体语言表达内心，或者通过身体语言了解他人的所思所想，我们就一定要更加深入地了解身体语言，知道不同的身体部位的动作所代表的意思。只有洞察身体语言背后隐藏的秘密，我们才能更好地给他人回话，才能更好地表情达意。

回话要把握好音量

俗话说，有理不在声高。偏偏有很多人一旦情绪激动、愤怒或者紧张，就会情不自禁地提高声量，似乎是以这样的方式来给自己鼓劲，也让自己变得更加大胆和勇敢。实际上，音量对于语言表达的作用是很明显的，我们在给他人回话的时候，为了避免引起歧义，必须控制好音量。哪怕是同样的话，用不同的音量说出来，也会给他人造成不同的影响。

很多人在给他人回话的时候，声音小得就像蚊子哼哼，这是因为他们心中很虚，或者是因为他们本身就很胆小怯懦，为此非常紧张和恐惧。音量小的人往往非常自卑，相反，那些充满自信的人不管说什么话都会非常坦然大方，音量正常或者洪亮。当然，说话声音小没关系，只要能够让对方清晰地听到，

就不会影响沟通的效果。如果说话声音特别小，让他人无法听清楚，则会导致沟通受阻。同样的道理，说话声音大也要在一定的限度内，而不要像吵架一样歇斯底里，否则会给他人留下糟糕的印象，还会使得他人误以为是在争吵呢！不管说话的声音是大还是小，都要保持在合理适度的范围内，这样才能提升沟通的质量，让沟通事半功倍。

通常情况下，在发生矛盾和争执的时候，人们为了增强语言的力量，会情不自禁地提高音量。殊不知，随着说话的音量越来越大，人与人之间的矛盾和冲突非但无法得到有效的缓解，反而会变得更加激烈。明智的回话者在给他人回话的时候，只要对方听力正常，就不会提高音量。哪怕情绪有些激动，内心波澜起伏，他们也会控制好音量，保持内心的平静和语调的平稳，从而让谈话顺利进行下去，也让沟通的氛围更加和谐愉悦。

这是刘伟第一次来西餐厅吃饭，他不但不会用刀叉，而且不懂得西餐厅里要小声说话的规矩。其实，在刚刚进入西餐厅的时候，刘伟就已经感受到一些异样，那就是餐厅里静悄悄的，和中餐馆里人声鼎沸、热闹喧天的景象截然不同。不过，刘伟不知道具体的差异到底在哪里。

吃饭的过程中，他和往常一样高声说话，对坐在对面的同学说：“谢凯，你还记得我们上学的时候吗？你就睡在我的下铺，袜子穿一个星期也不洗，真的都能站起来了，把整个宿舍

的人都快熏死了。”谢凯很尴尬，他对刘伟欲言又止，满脸通红。刘伟不知所以，继续说道：“哈哈，看看吧，现在说起来你还会害羞……”正在刘伟高谈阔论的时候，服务生走过来，很有礼貌地对刘伟说：“先生，请您小声一些好吗？影响到其他客人用餐了。”刘伟吹胡子瞪眼睛：“怎么吃饭还不让说话了吗？”这个时候，谢凯赶紧对刘伟说：“刘伟，这里有一些国际友人，咱们还是尊重下西餐的用餐习惯。西餐用餐的时候不提倡说话，即使交谈也是很小声的，因为西方人不像我们中国人这么爱热闹。”这下子，轮到刘伟脸红了，他这才知道刚才谢凯脸红不是因为说起臭袜子的事情，而是因为他的声音太大，说的还是不适宜在餐厅里说起的话题。刘伟赶紧降低音量，小声和谢凯沟通。好不容易吃完饭，刘伟对谢凯说：“走吧，走吧，咱们找个别的地方说话去，在这里快把我憋死了。”

说话的音量要控制，尤其是在西餐厅里，更是要讲究礼仪。很多中国人都习惯了吃饭的时候非常热闹的情形，在生意兴隆的饭店里，不同的人齐聚一堂，甚至要大声喊着才能进行交流。然而，世界上不同国家和地区的礼仪和风俗是截然不同的。为了更好地交流，我们必须了解更多的礼仪，这样才能在不同的场合里保持适宜的音量。

回话的音量除了取决于不同的场合之外，还取决于交谈的情境。如果是同学们久别重逢，小醉微醺，那么，笑啊闹啊，提升音量是没有关系的。如果是在和他人进行谈判，洽谈一些

重要的事情，那么突然提升音量就会使人造成误解，以为是在争吵。记住，有理不在声高，有的时候，大声并不能吸引他人的注意，反而会引起他人的反感。在重要的时刻，要想吸引他人认真倾听，不妨把音量变小，这个时候你会惊奇地发现他人突然间停止喧闹，转而认真地倾听你。这是因为人们总是很担心错过一些重要的内容。

当然，回话的音量大小要根据谈话的环境和对象进行及时调整。如果周围的环境非常喧嚣，回话声音太小对方听不见；如果周围的环境非常安静，那么，为了和谐——也是尊重他人的表现，要控制好回话的音量。此外，如果面对的是一个听力下降的老者，则要大声和老者说话，老者才能听得清楚；如果面对的是一个年轻人，则正常的音量即可。总而言之，回话的目的是让对方听到，为此，我们一定要做到以适度的音量回话，避免引起对方的误会和反感。

语调不同，回话效果截然不同

现实生活中，有的人说话语调特别生硬，哪怕是很友好的话，一旦经他们的口说出来，就会给他人留下糟糕的印象。反之，有的人说话非常悦耳，说起话来温和柔软且富有韵律，就像是在唱一首动听的歌曲。面对这样的说话者，听话的人总是

感到心情愉悦，也会感受到语言的独特魅力。

在回话的时候，很多人都会非常重视语言的组织，希望通过语言来表达最真实的意思。殊不知，只靠着语言内容并不能起到最佳的表达作用，要想把话说得恰如其分，我们还要重视回话的语调。只有让语调和内容相互配合，回话才能更加到位，起到最佳的作用。有些人说话的时候总是声音高亢，听起来就像是在吵架一样声色俱厉，这样自然无法在沟通过程中给他人留下好印象。有的人说话语调平平，没有任何节奏可言，这样自然也不可能吸引他人的注意力。就像唱歌一样，语言也是需要抑扬顿挫才能引人入胜的。在与人沟通的过程中，为了提升回话的质量，我们一定要杜绝语调含糊、声音低沉、鼻音浓重等现象，这样才能让语言沟通的效果更好，让回话起到预期的作用。

老宋这么多年一直在北京生活，听惯了北京的普通话，最近才为了孩子的户口问题搬到南京定居。刚刚到南京，他觉得很不习惯，因为南京人说话的声调普遍偏高，有的时候正常说话听起来就像是吵架一样。

一天晚上，老宋开车回家，路过一条很狭窄的巷子。在这条巷子里，在老宋前面的那辆车和对面来的那辆车会车时，谁也不愿意退让。司机们一开始只是下车理论，但因为谁也不愿意让着谁，很快，他们之间爆发了激烈的争吵。

司机甲："你往后退一退啊，都堵在这里，谁也走不了。"

司机乙：“我为什么要退，你后面的空间大，我后面还有车呢！”

司机甲：“你要是不想回家，那我们就都在这里耗着吧！”

司机乙：“耗着就耗着，我反正不着急！”

……

老宋听着他们吵来吵去，头都大了，原本还想下车帮忙劝一劝，后来索性就在一旁作壁上观，他可不想被卷入这场争吵之中。半个多小时过去，直到110到场，问题才算得以解决，老宋终于可以回家了。

在这个事例中，其实双方只要能够互相让一步，就可以顺利开过去，但是司机乙在回话的时候，显然语调不适宜，为此让原本说得过去的内容听起来变了味道，也让彼此之间的交谈突然间剑拔弩张起来。

意大利的著名影星西罗最擅长演绎悲剧。有一次，西罗参加外宾的宴会，外宾们都曾经看过西罗的出色演出，为此席间有人提议让西罗朗诵一段台词。西罗见盛情难却，当即捧起菜谱，开始朗诵“台词”。西罗的语调十分悲痛，脸上的表情也很凝重，还时不时地用双手做出悲伤的姿势。外宾们虽然听不懂西罗到底在朗诵什么，却感受到西罗悲伤的情绪。有几个外宾被西罗打动，眼泪簌簌而下。这个时候，在场的一个意大利人面部表情非常奇怪，他似乎很想笑，又在努力地忍住。直到西罗朗诵结束，他才忍不住哈哈大笑起来。其他人不知道他为什么

笑，便询问他，他说：“西罗朗诵的不是台词，就是菜谱啊！”人们恍然大悟，忍不住对西罗高超的表演艺术竖起大拇指。

为何西罗念菜谱也能打动外宾呢？其实，那些外宾根本听不懂意大利语，只是被西罗的悲伤语调感染了而已。由此可见，只要悲伤的语调运用到位，人们只用语调便能调动起他人的情绪，让他人受到感染。

影响我们与他人之间交谈效果的，不仅有谈话的内容，也有谈话的语调。在内容不变的情况下，语调甚至起到更加重要的表达作用，影响表达的效果。那么，语调到底是什么呢？归根结底，语调就是说话的腔调，也是说话的节奏和韵律。很多人都喜欢唱歌，知道歌声必须抑扬顿挫才能产生美感，语调就是在说话的时候要进行停顿，且要有轻重和长短的区别。在口语表达中，语调表达的信息非常多，为此我们一定要更加重视语调的运用。

面对回话对象，选择适宜语速

要想让回话恰到好处，语速同样至关重要。面对一个急脾气的听话者，如果你说起话来慢慢吞吞，就像蜗牛在爬行，那么只怕对方根本没有兴趣继续听你说下去。反之，面对一个脾气温吞的人，如果你说起话来如同连珠炮一样，那么只怕对

方根本无暇对你的话作出反应，只会导致你的话说出去却没有起到应有的作用，也不会得到该有的回应。为此，在回话的时候，我们一定要根据回话对象选择适宜的语速。

我们除了要根据回话对象本身的脾气秉性调整回话的语速之外，还应根据回话对象的年纪、身份调整回话语速。例如，我们面对上级回报工作时，切勿自顾自说下去，而不管上级能否听懂我们的话。为了给上级机会帮助我们指正，我们要在说话的过程中有所停顿。面对一个耄耋老人，对方的思维速度变得很慢，听力也有所下降，所以我们要适当降低语速。反之，作为一个雷厉风行的领导者，我们在对下属下达命令的时候，完全可以表现出精明强干的一面，从而提升工作的效率。对于孩子，如果孩子的理解能力很强，我们可以快速回话；如果孩子的理解能力相对较弱，则我们就要降低语速，更好地与孩子交流。总而言之，根据不同的回话对象，我们一定要选择适宜的语速，这样才能让回话进行得事半功倍，收到最好的沟通效果。

作为总经理助理，果然的工作能力是有目共睹的，而且因为果然很会察言观色，总是能够主动为总经理排除很多的障碍和困难，所以总经理对于果然评价很高。但是，果然有一个特点，总是让总经理感到非常苦恼。原来，每次汇报工作的时候，果然说话的速度都非常快，常常是总经理还没有反应过来呢，果然就已经把话说完了。第一遍听不清楚，总经理会要求

果然再说一遍，果然在第二遍汇报的时候，一开始还能做到放缓语速，但是说着说着就会情不自禁地加速，又把话说得很快，使得总经理一头雾水。

后来，为了让沟通有更好的效果，总经理不得不要求果然进行书面汇报，以邮件或者是文字沟通的方式对果然的工作进展进行了解。这样一来，果然的工作量大大增加，原本可以口头上完成的工作却要变成文字呈现出来，这让果然不堪其扰，工作的效率也为此降低。

所谓沟通，最重要的目的就是把我们的思想、观念等传达给对方，让对方更加了解我们，从而与我们交换信息。为了让沟通收到最好的效果，在说话的时候一定要保持适宜的语速，而不要只顾着如同连珠炮一样去说，对于他人作何反应丝毫不放在心上。只有把语速控制得恰到好处，对方才能更好地理解我们的意思，我们与对方之间的交流才会更加深入和顺畅。否则，总是这样说着，却不能被他人理解，就会失去沟通的意义。

当然，这里也并非说任何时候都要保持慢速说话。说话到底是快还是慢，不但取决于我们面对的说话对象，也要以事情当时的发展情况作为参考因素。例如，我们面对着一件非常紧急的事情你却依然慢速回话，慢条斯理说个没完，则回话就无法起到快速沟通和传达信息的作用，这对于解决问题当然是不利的。举个最简单的例子，有个地方着火了，你需要去寻求救

援，而你面对可以帮忙的人时却慢慢吞吞地说，但火情在很短的几分钟内就会有明显的发展变化。这种情况下，一定要如同发电报一样精简语言，而且要以最快的速度把话说完，这样才能抓紧时间救火。

关于说话的速度没有一个固定的标准，最重要的是快慢要适宜，要符合事情发展的实际情况和需要，也要符合交谈对象各方面的特点。有的时候，说话的语速还会受到心情的影响，例如，一个人情绪低落则语速缓慢，情绪激昂则语速加快。为此，要想保持适宜的语速，还要避免情绪激动，否则很容易因为语速过快、声调过高而引起和他人之间的矛盾。反过来看，在给他人回话的时候，还可以根据表达情绪的需要调整语速，从而能让表达事半功倍。

语速的快慢，还要根据说话内容来决定。例如，在葬礼上，主持人说话往往会非常缓慢，这是因为他们要表达沉痛哀悼的感情。在婚礼上，主持人说话则情绪饱满，语调上扬，在紧要关头还会加速说，这是因为主持人要营造欢乐和谐的氛围。当然，一个人并非生而就懂得根据交谈对象、交谈情景和说话内容等因素把握语速，而是要在后天成长的过程中，不断与人交流，或采取朗诵的方式，多多练习，从而让语速更加适宜。

眼睛是心灵的窗口，会表达心声

俗话说，眼睛是心灵的窗口，这是因为眼神往往能够表达非常微妙的情绪、信息等，对于人与人之间的交流和沟通起到至关重要作用。细心的朋友会发现，在优秀的影视剧中，很多导演都会给人物的眼部特写，从而表现出人物内心微妙的变化。这种时刻，语言的作用并不是最好的，只有眼神，才能准确到位地传情达意，才能真正地表达人物的心声。

自古以来，有很多词语都是形容眼睛的，如炯炯有神、眼含秋波、眉目传情等，它们都告诉我们眼睛在沟通中的重要作用。眼睛除了可以表达内心的微妙变化之外，还可以帮助我们收集他人很多的细微表现，从而洞察他人眼神背后隐藏的真心。对于那些使人尴尬、无法直截了当说出口的话，我们还可以用眼神去表达，如质疑、询问、欣赏、认可等。对于交流的双方而言，如果能够把眼神运用得恰到好处，就可以更加深入地洞察他人的内心，使得与他人的沟通事半功倍。

最近，因为经济形势不好，找工作很困难。莉莉大学毕业后已经半年多了，好不容易才找到这份销售珠宝的工作，她如释重负：终于可以帮助妈妈养家了。原来，莉莉的爸爸很早就去世了，妈妈一个人抚养莉莉和弟弟长大，非常辛苦。莉莉对于这份工作很珍惜，每天都早早赶到门店，打扫卫生。

这一天清晨，下起了大雪，莉莉比往常更早地来到了门

店。莉莉开门的时候，街道上空无一人。莉莉马上拿出防滑垫开始铺地，又拿出干净的丝巾准备擦拭首饰。正当她拿出一盒金戒指开始擦拭时，街道对面走过来一个衣衫褴褛的中年人。看着中年人推门而入，莉莉感到有些紧张，显而易见，这个中年人并不体面，像是个失业的游民，有些失魂落魄。正在此时，电话突然响了，莉莉忙着接电话，不小心把戒指打翻在地。莉莉一边接电话一边看着那个男人，挂断电话后，她赶紧蹲下去四处寻找散落的戒指。一个盒子里总计有六枚戒指，但是此时此刻，莉莉只找到五枚戒指。这个时候，那个中年男人朝着门口走去。看着中年男人攥成拳头的右手，莉莉心中一动，喊道：“先生，请您留步。”中年男人转过身看着莉莉，莉莉以真诚和恳求的眼神看着男人，说：“先生，对不起。您知道的，现在找工作很难，我花了半年多的时间才找到这份工作。我的妈妈独自抚养我和弟弟长大，我很想帮她分担，谢谢您。”在说话的过程中，莉莉一直目不转睛地看着中年男人，眼睛里是真诚，是恳切，是请求。中年男人突然对着莉莉伸出手，说：“你是一个非常优秀的女孩，一定能把这份工作做得很好。”莉莉快走几步上前和男人握手，男人转身离开，而那枚丢失的戒指，此刻已安静地被攥在莉莉的手掌心里。

在人的面部表情中，眼神是最微妙传神也是最有力量的。在这个事例中，莉莉只有一个人，不敢当面指责是男人偷了戒指，但是她也知道，男人一旦离开，就不会再回来。为此，她

只能一边央求男人，一边用眼神表达自己的心声。最终，她成功地以眼神打动男人，男人选择把戒指还给莉莉。

古往今来，很多伟大的人都知道眼神的重要作用，也对眼神加以讴歌。高明的回话者不会急于回话，而是会先通过观察对方的眼神来了解对方的心思，也通过运用自己的眼神来表达内心的想法、情绪和感受。这样，交流才能有的放矢，起到更好的作用。

作为一名服装销售员，露西的销售业绩总是最好的，这是为什么呢？和很多人误以为销售员一定要口若悬河不同，露西作为销售员并不很健谈。那么，她是如何实现销售的呢？这一天，一个年轻的女孩走进门店，看到一件最新款的衣服，马上开始摩挲起来。露西从女孩的眼睛里看到了喜欢的光，为此对女孩说："这件衣服是刚刚到店的新款，喜欢可以试一试。"女孩当即拿着衣服去试衣间。看着女孩原本就很匀称的身材在衣服的衬托下非常曼妙，露西由衷地说："这件衣服就像是为您量身定做的一样。"得到露西的夸赞，女孩忍不住笑起来，问："这件衣服多少钱？"露西回答："699元。"女孩不由得吸了一口气："这么贵！"露西说："这是今年的新款，才刚上市，而且衣服的质地非常好，是真丝的。"女孩说："那也太贵了，能优惠些吗？"露西说："我们店里的新品，可以打九五折，老款可以打九折。"女孩依依不舍放下衣服，转身准备离开。走出去很远，女孩还在回头看着衣服，露西知道女孩

真的很喜欢这件衣服，为此大声对女孩说：“您回来，我和店长申请把新款也九折给你，就说是开门的生意。”就这样，露西在给店长打电话后，以九折的价格把衣服卖给女孩，女孩高兴极了，对露西连声感谢。

如果不是因为看到女孩眼睛里的喜欢，相信露西不会主动为女孩申请更优惠的价格。正是因为能够洞察客户的眼神，露西才能准确把握客户的心理，让客户满意而归，也让自己的生意顺利达成。反之，对于一个原本就不喜欢衣服的客户，别说是九折了，就算是八折，客户也未必会买，所以一味地以低价吸引客户来促成交易是不可取的。

在回话之前，我们一定要读懂他人的眼神，捕捉他人眼神传达的信息。这样才能让回话有的放矢地进行，才能让交流的效果更好。同样的道理，我们还要学会以眼神表达内心，传递给他人微妙的信息，这样就可以把很多不方便说出口的话都以眼神传达出来。当然，我们要学会控制自己的眼神，让眼神和语言之间相互协调和统一。如果一个人语言很狂妄，而眼神却怯生生的，很胆怯紧张和畏缩，就会给人言不由衷的糟糕印象。要想成为人际交流的行家，我们就一定要学会读懂眼神，也要学会运用眼神。

参考文献

[1]李文勇.回话的艺术[M].长春：北方妇女儿童出版社，2016.

[2]马西.回话的艺术[M].苏州：古吴轩出版社，2017.

[3]铃木锐智.最漂亮的回答[M].千太阳，译.北京：台海出版社，2015.